生きていくことの意味

トランスパーソナル心理学・9つのヒント

諸富祥彦
Morotomi Yoshihiko

PHP新書

生きていくことの意味　目次

プロローグ　こんな時代をそれでも前向きに生きていくために

第１部　生きる意味を見出す

ヒント１　どんな時も、人生には意味がある
――ヴィクトール・フランクル〝逆境の心理学〟

終章 〝見えない次元〟への二つのアプローチ

プロローグ——こんな時代をそれでも前向きに生きていくために

どんなことにも意味がある

私は心理カウンセラーです。たくさんの方の悩みの相談にのってきました。

この本で私は、九つの〝生きるヒント〟を示しました。こんな時代にあって、〝それでも生きる意味と希望を見失わず、前向きに生きていくためのヒント〟を示したのです。

不況とリストラ。中高年の自殺者の急増。子どもや若者の暴力衝動の高まり。教師をコントロールする快感に酔いしれる学級崩壊。児童虐待。死に急ぐ子どもたち……。

決して明るくはないこの時代。どうせ何をやっても無駄だ、ここから脱け出すことはできない、という圧倒的な閉塞感と無力感。

静かな、しかし深い深い闇《やみ》と、絶望とに包まれている。

「こんな時代にあって、それでも意味と希望を見失わず、前向きに生きていくことは可能だろうか？」

この本を書いている間、私は絶えず、そのように自問していました。

そして、「もし可能だとすれば、その条件は何か？」と。

その答えは、もちろん、イエス。これが、私なりの人生経験や、カウンセリングの場で出会った多くの人たちから学んだ、人生の真実です。

というのも――たとえば、数十億も借金を抱えたりしていて――傍《はた》から見れば、とっくに自殺していてもおかしくない、いやむしろ、生きていられるのが不思議だ、そんなふうにさえ思える悲惨な出来事に見舞われているのに、にもかかわらず本人は〝どうってことないよ〟と平然と笑っていられる。それどころか、その危機をきっかけに、ますます人生を充実させ始めているようにさえ見える。この世の中には、そんな人がいるからです。

はじめは〝私はもうダメです。再起不能です〟〝にっちもさっちもいきません〟などと絶望的な言葉を吐いていた人が、ほんの数カ月後に、〝私はもう大丈夫です〟〝今では、なぜあんなに思いつめていたのかわかりません。今考えると、それほどたいした問題ではないですよね〟などと言い始めることも、よくあることです。

こんな方もいました。

娘がアメリカ留学中に交通事故にあい、一生、車椅子の生活になってしまった。

白血病が治ったのはよかったものの、治療の後遺症で全身がただれてしまった。

不妊治療の末生まれた待望の子どもが、重度の障害を負っていた。

子どもが不登校になり、家庭内暴力を始め、全身アザだらけにされた上、夫からは〝ぜんぶお前の教育が悪いからだ。自業自得だ〟と責められ続け、離婚した。

このような、あまりに辛い出来事に見舞われたにもかかわらず、今では晴れ晴れとした表情で、「あのことが起きる前より、なぜか、今のほうが、ずっと充実して、サワヤカな人生を生きていられる気がします」――そんなふうに笑顔で語る方がいるのです。

そしてその一方で、ふつうに見れば、たいへん恵まれた境遇にありながら、いつも他人の悪口ばかり言ったり、不平不満をもらしたりばかりしている人もいます。

こうした方々との出会いから、そして、多くの優れたカウンセラーやさまざまな心理学の理論から、私は、次のような人生の真実を学びました。

人生の幸・不幸を決めるのは、その人の人生に起きた出来事、それ自体ではない。

人生の幸・不幸を決めるもの。それは、人生で起きるさまざまな出来事をその人がどう受け止めるか、その出来事から何を学びどんな気づきやメッセージを得ていくか、それ次第である。

そして実際、〝この人生で起こることは、どんなことにも、意味がある〟。

私たちに何か、大切なことを教えてくれている。

それがたとえ人間関係のもつれや別離、結婚や恋愛の失敗、子どもの不登校や非行、リストラによる失業や減給、慢性の病やからだの症状、アルコールやタバコ・パチンコなどの〝やめたくてもやめられない病（〜依存症）〟といった、否定的な出来事であっても。私たちの悩みのタネになっている、人生の暗い出来事であっても。

こうした出来事にもやはり意味があり、私たちはそこから何か、人生の大切な学びや気づき、メッセージを得ることができる。

これらの出来事が私たちに何を問いかけているか。何に気づくよう促してきているのか。それに気づき、新たな学びを得るならば、人生の〝逆境〟を、〝よりよく、より豊かに生きるための好機〟へと転換することができる。

したがって、これらの人生の〝問題〟〝悩みのタネ〟は、実は、それに私たちがどう答えるかを試す〝問いかけ〟〝謎かけ〟である。その意味で、絶えず悩みや問題がふりかかってくる私たちの人生そのものが〝問いかけ〟のようなものである。

そう考えると、さまざまな〝問題〟や〝悩みのタネ〟——人間関係のもつれ、家庭の崩壊、リストラ、慢性の病や症状など——は、私たちに何か、なくてはならない大切な気づきやメッセージを与えてくれる〝人生の先生〟、敬うべき〝人生の師〟だと言える。

要するに人生とは、私たちに、次から次へと悩みや問題を与え、それに私たちがどう答えるか、そこから私たちが何に気づき、何を学べるかを試されている〝試練の場〟〝魂の修行の場〟なのである。

逆境こそが学びのチャンス

いかがですか？　実に魅力的な考えだと思いませんか。

中には、こんなふうに思われた方もいるかもしれません。

人間関係のもつれや別離、慢性の身体症状は、それ自体のうちに、何か肯定的な意味を潜ませているだって？　そうした問題や悩みのタネこそ、私たちに大切な気づきやメッセージを与えてくれる人生の先生であり、学びの機会だって？

いったい、どうやってそんなことが可能だと言うのか？　単なる詭弁《きべん》ではないのか？　と。

しかし、これは事実であり、こうした辛い出来事にあっても、そこから何かを学ぼう、それが何を教えてくれているかに気づこうとする姿勢さえ見失わなければ、私たちの心は絶えず成長し続け、人生をよりよく、より豊かなものにしていくことができるのです。

・不況のため、リストラにあい、職を失ってしまった。
・妻や恋人との関係がうまくいかない。いやな上司との関係に頭を痛めている。

・子どもが問題を起こし、浮気もバレて、家庭が崩壊寸前だ。
・偏頭痛、肩コリ、胃の痛みなど慢性の痛みやからだの症状に悩まされ続けている。
・タバコ、アルコール、甘いものなど〝やめたくても、やめられないもの〟がある。

これらの問題や悩みは、たしかに大変なもので、多くの人はそれに引きずられ、人生の坂道を転がり落ちていき、ますます無力感に打ちひしがれていきます。

この本で私は、しかし、あえてこう言いたいのです。

これらの悩みや問題は実は、その背後に、重要な意味を隠し持っている。私たちの人生に対する、とても大切なメッセージを含んでいる。

そしてもし、私たちが、その悩みや問題に苦しめられている〝犠牲者〟の立場から脱け出し、〝悩みや問題の側〟に立って今の自分を見つめることができるなら、そしてその悩みや問題の持つ隠れた意味やメッセージに気づくことができるなら、人生は、かつてなかったほどイキイキと充実してくることがある。

この意味で、私たちの抱えるさまざまな悩みや問題、一言で言えば、人生の〝逆境〟こそ、そうでもしなくては学ぶことのできない大切な学び、大切な気づきを得て、私たちが生き方を変えていくための、すばらしいチャンスなのである。

そして、だとすれば、この不況の時代、暗い闇に包まれたこの時代こそ、見方を変えれば、私たちがそこから大いに学ぶことのできる〝目覚めの時代〟〝気づきと学び、自己変革と成長の時代〟なのである。

〝人生の闇の側〟に立つ

これはしかし、よくある〝ポジティヴ・シンキング（肯定的思考）〟とは異なります。とにかく前向きに生きるように励ます。小さいことにはクヨクヨするな、と激励する。こうすれば心が軽くなりますよ、とストレス解消の方法を説くのとは違うのです。

これらの励ましや、心を軽くするための方法は、一時の気休めにはなっても、決してそれ以上のものではないことを、私たち心理カウンセラーは経験的に知っています。

この本で私が説くのは、言ってみれば、そうした一時的な気休めや励まし、浅はかなポジティヴ・シンキングとは、むしろ逆向きの方法です。

人間関係のもつれや病といったさまざまな〝問題〟〝悩み〟へと深く分け入っていき、そのような〝人生の闇の側〟に立って、そちらのほうから〝人生の光の側〟へと贈り物を届けていく。そうした方法です。

したがって、この本で私が説く〝生きるヒント〟は、いわゆる常識的な考えや人生訓とは、少し異なったものになると思います。

それはむしろ、逆説的というか、逆転の発想に立つ〝生きるヒント〟です。

私は何も、奇をてらったことを言うつもりはありません。

ただ、私たちがふだんはそこにいる〝人生の光の世界〟から脱け出して、〝人生の闇の世界〟に深く分け入っていく。そして、その〝人生の闇の側〟、私たちの〝悩み〟や〝問題〟の側に立ってみて、そこから、生きるヒントを得ていく。こうした逆転した発想をとるのです。

〝人生の闇の世界〟に深く分け入って〝光の世界〟へとメッセージを贈る。それによって生き方をより豊かで、したたかなものに変えていく。

私たちの常識とは少しズレたこの方法。これはしかし、私たち心理療法家やカウンセラーにとってはむしろ〝本道〟に属するものです。

本書の考えの背景にあるのは、私の専門分野であるカウンセリングや心理療法のさまざまな理論や技法、人間へのまなざしや人生哲学です。

中でも、トランスパーソナル心理学――〝心理学第四の流れ〟と言われる最も新しい心理学――が、本書の大きな柱となっています。つまりこの本では、最新の心理学であるトランスパーソナル心理学の教えをもとに、どんな逆境にあっても、それを人生の好機（チャンス）へと転化して、前向きに生きていくためのヒントが説かれているのです。

すべての出来事はつながっている

では、トランスパーソナル心理学とは何でしょうか。それぞれの理論については、もちろん本論で説明していますが、最初にその全体像に簡単に触れておく必要があるでしょう。

まず、トランスパーソナルとは〝個（パーソナル）を越える（トランス）〟という意味。したがって、トランスパーソナル心理学とは〝個を越えたつながり〟を説く心理学のこと。

この〝つながり〟の中身については、いろいろな角度から説明できますが、ここでは、次の二点から説明しておきます。

一つめは、まず〝この人生で起きるすべての出来事は、つながっている〟という意味です。

分析的な思考に慣れている私たちは、いろいろな出来事をそれぞれ別個に〝バラバラ〟な観点から捉える傾向があります。

たとえば私が今、肩コリや偏頭痛を持っているとしても、それはそれ。マッサージをしてもらったり、頭痛薬を飲んだりして、それを取り除くことができれば、それでよしとします。

しかし、トランスパーソナル心理学から見れば、すべての出来事は〝つながって〟おり、したがって〝意味がある〟のです。

たとえば、最近仕事の能率が落ちていることと、偏頭痛が激しくなっていること、昨晩見た悪夢、そして昨日偶然見て、妙に頭にこびりついているテレビ・ドラマのワン・シーン。一見、何の関係もないかのように思えるこれらの出来事のすべては、実は〝つながって〟いて、〝ご縁の世界（共時性＝シンクロニシティ）〟のうちにある、と言うのです。

こんな人がカウンセリングに来たとしましょう。
主な訴えは〝自己主張できないこと〟。そのため、仕事の成績もあがらない、と言います。また彼は、最近、偏頭痛で悩まされています。

聞くと、その人が昨晩見た夢の中に〝錐《きり》〟が出てきており、それを思い出すと偏頭痛がする時の〝何かに刺されるような感じ〟がしてイヤだ、と言います。また昨日偶然見たドラマの中で、ある動物が槍《やり》で突かれるシーンがあり、それがどうも頭から離れない、と言うのです。

この人の夢に出てきた〝錐〟と、偏頭痛の〝何かに刺されるような感じ〟、ドラマの中の〝槍〟、そして仕事で〝自己主張できない〟こと……実は、これらすべては〝つながっていて〟単なる偶然ではない〝意味〟があります。そしてその〝意味〟に気づくならば、私たちの人生に必要な変化がもたらされるのです。

このように、〝この人生で起きるすべての出来事はつながっていて、そのつながりには、単なる偶然ではない意味がある〟。これが、トランスパーソナル心理学の説く〝つながり〟の第一の意味です。そして、その〝つながり〟の〝意味〟に気づくならば、私たちの人生は必要な変化を生じ始める、と考えるのです。

これは、別の角度から言えば、この人生で起きるすべての出来事は、私たちに対する〝呼びかけの声〟である、ということです。この人生のすべての出来事は、私たちに、気づくべきことに気づくよう促している〝呼びかけの声〟なのです。

トランスパーソナル心理学ではもちろん、人が自分らしい人生を生きることの価値を認めます。〝自分の人生の主人公〟となって生きることを大切にするのです。

しかし、そのような単なる〝自己実現〟にとどまらず、この人生に現れてくるさまざまな〝呼びかけの声〟も大切にし、それに従って生きてゆけ、と説くのです。

これまでの心理学は自己実現を重んじる心理学で、それはいわば〝自力の心理学〟であったと言えます。一方、トランスパーソナル心理学には、私たち自身の意図を越えて姿を現してくるさまざまな呼びかけの声を大切にし招き入れることから、〝他力の心理学〟の面があります。

従来の心理学を含んで越えるという意味で、トランスパーソナル心理学＝〝自力＋他力の心理学〟と言っていいかもしれません。

〝個を越えたつながり〟を生きる

トランスパーソナル心理学の説く〝つながり〟のもう一つの意味。それは、次のような、さまざまな〝つながり〟を生きる、という意味です。

みずからの心や魂とのつながり。思想信条や性差・人種の違いなどを越えた人と人とのつながり。集団や社会とのつながり。過去の世代や将来の世代とのつながり。あらゆる生きとし生けるものとのつながり。この母なる大地と大自然、地球生命圏とのつながり。そして私たちをその一部として含むこの宇宙そのものとのつながり。人間を越えた大いなるものとのつながり。

トランスパーソナル心理学では、〝自分へのこだわり〟を捨てて、こうした〝つながり〟に自分を開いて生きよ、と説くのです。それは、なぜでしょうか。

現代人が抱える心の傷や魂の渇き、そしてその現れとしての空虚感は、こうした〝つながり〟を見失い、個人が〝バラバラ〟になってしまったことから生まれてくるものだからです。したがって、現代人の歪んだ生き方を根本から変えることは、この〝個を越えたつながり〟の回復によってしかなしとげられえない、とトランスパーソナル心理学では考えるのです。〝個を越えたつながり〟を回復しなければ、ほんものの癒しは起こりえない、というわけです。

現代人の多くは、たしかに、このような〝つながり〟を見失い、〝自分〟や〝自分のしあわせ〟に執着し、とらわれているところがあります。〝自分〟や〝自分のしあわせ〟に執着するあまり、結果的に、真のしあわせから遠ざかってきた、というところがあるのです。

では、どうすればいいのか。トランスパーソナル心理学では、こう考えます。

それまでの〝自分〟や〝自分のしあわせ〟中心の生き方を一八〇度転換せよ。〝自分〟や〝自分のしあわせ〟への執着・こだわりを捨てて、そのようなそれまでの生き方を一八〇度ひっくり返せ。そして、〝個を越えたつながり〟へと自分を開き、自分を越えた向こうから発せられてくる〝呼びかけ〟に応えて生きてゆけ。そう言うのです。つまり、〝自分〟中心の生き方から、〝呼びかけ〟中心の生き方、〝意味と使命〟中心の生き方への転換。

自分や自分の幸福について思い煩うのをやめる。そして〝この人生で自分が果たすべき何か〟にただひたすら取り組んでいく。そんな生き方をしていれば、自分はこの人生で〝なすべき時に、なすべき所で、なすべき事をしている〟という〝生きる意味の感覚〟が満ち溢れてきて、その結果、真の幸福、真の自己実現もおのずと手に入ることになる。

トランスパーソナル心理学では、この、人生の逆説（幸福のパラドックス）を説くのです。

つまりトランスパーソナル心理学とは、個人としての〝自分〟や〝自分のしあわせ〟への執着・とらわれを脱して、〝個を越えたつながり〟を生きよ、と説く心理学であり、その意味でそれは、自分への執着＝エゴイズムと、その執着した自分を愛する自己愛＝ナルシシズムの超克を目指す心理学である、と言っていいでしょう。

ここで注意しなくてはならないのは、この〝つながり〟が、ある種の宗教集団のような閉鎖的・排他的な集団であってはならない、ということ。それは〝開かれたつながり〟でなくてはなりません。そしてこの〝つながり〟は、もちろん、ある種の全体主義のような〝個を殺すつながり〟であってもいけません。それは〝個が生きるつながり〟でなくてはならないのです。

すなわち、

トランスパーソナル＝個を越えたつながり＝個が生きるつながり

これが、トランスパーソナル心理学の基本コンセプトなのです。

いかがでしょう。トランスパーソナル心理学について、大雑把《おおざっぱ》なイメージだけでもつかんでいただけたでしょうか。

トランスパーソナル心理学全体についての説明は、本書ではこれ以上はおこないません。この学問の全体像をよりくわしく知りたい方は、拙著『トランスパーソナル心理学入門　人生の

この人生のすべての出来事には意味がある。
人生のプロセスは私たちが気づく必要のある大切な“メッセージ”を
運んできてくれている。

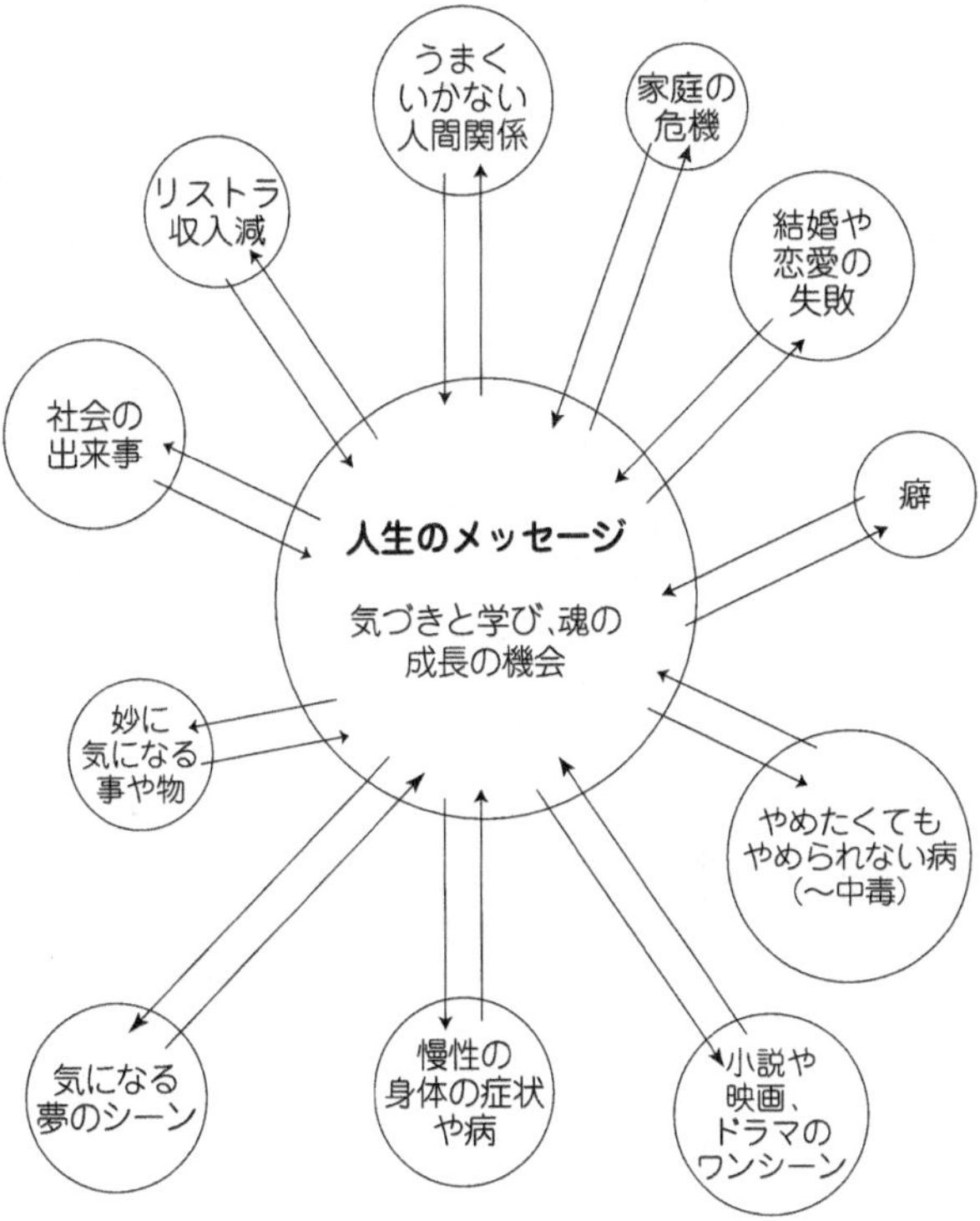

図1　トランスパーソナル心理学の基本的な考え方

メッセージを聴く』（講談社現代新書）をお読みください。

この本では、トランスパーソナル心理学及びその母体となった人間性心理学の系譜に属するさまざまな心理学者、ヴィクトール・フランクル、ケン・ウイルバー、アーノルド・ミンデル、カール・ロジャーズ、E・T・ジェンドリン、E・キューブラ・ロスらの心理学に焦点を当て、そこから生きるヒントを提示していきます（『トランスパーソナル心理学入門』でも書いたように、私は、人間性心理学とトランスパーソナル心理学を〝人間性・トランスパーソナル心理学〟として、一続きで捉えるべきだと考えています）。

特に本書では、アーノルド・ミンデルのプロセス指向心理学を最もくわしく紹介しています。というのも、ミンデルのプロセス指向心理学の基本的な考え、すなわち、〝人生の闇の側〟、私たちの〝悩み〟や〝問題〟＝私たちを〝苦しめている側〟に立ってそこから生きるヒントを得ていく、という発想が、今、この時代を生きる私たちに、大きな生きる指針を与えてくれるように思われるからです。ミンデルの考えをもとに〝生きるヒント〟を提示した本書の後半部分は、私自身、最も気に入っているところです。

こうした理論的背景に立って本書では、私たちがさまざまな悩みや問題に直面した時、それをどのように扱えばいいのか、どのような視点からどう考えれば大切な気づきやメッセージが得られるのか、そのヒントをできるだけ具体的に示します。多くの事例や技法（ハウツー）を示して、こんな問題に直面した時、こんな角度から、こんなふうに捉えてみれば、事態が違って見えてきますよ、と具体的なノウハウを示しています。

できるだけ、わかりやすい文章を心がけると共に、自分ひとりでできるエクササイズ（実習）も紹介していくつもりです。どうぞ、ご活用ください。

この本を読まれた方が、私のカウンセリングを数回受けたのと同じような効果が得られる、そんな本にしたい、という気持ちを込めてこの本を書きました。読者の方が、何かひとつでも、これからの人生でタシになる気づきを得ることができれば、と願っています。

謝辞

多くの方に支えられている自分を感じています。國分康孝先生・久子先生御夫妻、松原達哉先生を始めとするカウンセリングや心理療法関係の先生方。岡野守也さん、松永太郎さん、鏡リュウジさん、青木聡さん、高野雅司さん、中野民夫さん、菅靖彦さん、羽矢辰夫さんら日本トランスパーソナル学会のみなさん。特にプロセス指向心理学の藤見幸雄さんには、公私共におつきあいいただく中で魂を耕していただきました。フォーカシングの大澤三枝子さん、近田輝行さん、日笠摩子さんたち。宗教哲学者の八木誠一先生。アメリカやイギリスで出会った多くの方々。ＵＥＡやＩＴＰ（トランスパーソナル心理学研究所）の先生方。フォーカシングを教わったアン・ワイザー・コーネルさん。プロセス指向心理学を教わったミンデル夫妻。妻真奈美と、いつの間にか二歳四カ月になった娘の友希。母七江と、昨年の正月に他界した父健次。そして、編集の労をとってくださったＰＨＰ研究所の小木田順子さんに心から感謝申し上げます。

ヒント1

どんな時も、人生には意味がある

――ヴィクトール・フランクル〝逆境の心理学〟

どんな時も、人生には、意味がある。
なすべきこと、満たすべき意味が与えられている。
この人生のどこかに、あなたを必要とする〝何か〟があり、
あなたを必要とする〝誰か〟がいる。
そしてその〝何か〟や〝誰か〟は、
あなたに発見されるのを〝待って〟いる。

この世のどこかに、あなたを必要とする〝何か〟があり〝誰か〟がいる

〝逆境の心理学〟――オーストリアの神経科医であり精神科医であったヴィクトール・エミール・フランクルの心理学ほど、そう呼ばれるに相応《ふさわ》しいものはないでしょう。

フランクルは言います。

どんな人の、どんな人生にも意味がある。この世にいのちある限り、意味のない人生なんて一つもない、と。

フランクルのこの考えは、いわば〝絶対的な人生肯定の哲学〟です。

ほかの人が言っても、単なる気休めにしか思えないこの言葉。しかし、フランクルの言葉に重みがあるのは、ユダヤ人である彼がナチスの手で収容所の捕虜として捕らわれていた体験があるからです。

その強制収容所での体験をまとめた名著『夜と霧』（原題『ある心理学者の強制収容所体験』）。わずか九日で書かれたこの本は、そこに記された数々の陰惨な事実にもかかわらず、ある種のさわやかな感動すら与えてくれます。

それは、この著作におけるフランクルのまなざしが、強制収容所の生き地獄の中でなお希望を失わずに生きようとする人々の姿と、それを支える人間精神の気高さとに注がれているから

でしょう。特にアメリカの若者に熱狂的に支持されたこの本の発行部数は、英語版だけで九〇〇万部に及び、一九九一年アメリカ国会図書館の調査によれば〝私の人生に最も影響を与えた本〟のベストテンに入ったといいます。もちろん、心理学、精神医学関係ではこの本一冊のみです。

この本の中で、最も強く私の印象に残っているのは、次のシーン。

収容所生活で生きる希望を失い、「もう人生には何も期待できない」と自殺を決意しかけた二人の囚人。この二人にそれぞれフランクルは次のように問いかけたといいます。

「たしかにあなた方は、人生にもう何も期待できない、と思っているかもしれません。人生の最後の日がいつ訪れるかもしれないのですから、無理もない話です。ナチスの手でガス室に送られるくらいなら、みずから自分のいのちを絶つほうがまだマシだ。そんなふうに思われたとしても、少しも不思議ではありません。

けれどその一方で、人生のほうはまだ、あなた方に対する期待を捨ててはいないはずです。〝あなたを必要とする何か〟がどこかにあり、〝あなたを必要としている誰か〟がどこかにいるはずです。そしてその〝何か〟や〝誰か〟は、あなたに発見されるのを待っているのです」

この言葉を聞いて、二人の囚人は自殺をとりやめたといいます。

ある囚人は外国で自分との再会を待っている娘がいることに、また別の囚人は、ある科学の著作シリーズが自分の手によって完成されるのを待っていることに気づいたからです。

「どんな時も人生には意味がある。自分を必要とする〝何か〟があり、自分を必要とする〝誰か〟が必ずいて、自分に発見され実現されるのを待っている。そして自分にも、その〝何か〟や〝誰か〟のために、できることがある」――このような思いほど、私たちの生きる勇気とエネルギーをかきたててくれるものはありません。

しかも、ナチスの収容所の中でさえ、人生のこの真実は通用したのです。

フランクルのメッセージは、実に半世紀にわたって、人生に絶望しかけた人々の魂を鼓舞してきました。人々に生きる勇気とエネルギーを与え続けてきた人、と言っていいでしょう。

答えは既に与えられている

私にとってフランクルは、単なる〝研究対象〟ではありません。フランクルは私にとって、自分の存在と一つになり血肉化した〝生きる支え〟であり、その意味で〝特別な存在〟です。

私がそのことを痛感したのは、二年前、フランクルの死の知らせを聴いた時でした。

彼の死が私にもたらした〝独特の喪失感〟。それは、高名な学者が亡くなったことを惜しむ気持ちというより、もがき苦しんでいたかつての自分を支えてくれた〝あの人〟がもうこの世にはいないのだ、という、その種の思いで、あれから二年近くがたった今でも、私の胸にはまだ、ぽっかりと〃穴〃があいたままです。

それは、私の青春期の地獄のような苦しみの体験と結び付いています。

私は、十代半ばから二十代前半にかけて、暗黒の青春時代を送っていました。

〃どう生きるべきか〃〃どう生きればよいか〃わからず、悩み苦しむ毎日。どれほど問うても答えが得られず、半ば自暴自棄のまま、時間ばかりが過ぎていく。

自分のことが信じられず、他人のことも信じられない。いや、信じる信じないの前に、自分や他人、さらには人間の存在そのものを嫌悪していた。何か、〃なまなましい生命への嫌悪感〃〃いのちそのものへの嫌悪感〃に取り憑《っ》かれていた、と言っていいでしょう。

生きていることに意味などない。自分という醜い存在、人間という醜い生き物が生きていること自体許せない。自分を、他人を、そしてできれば、人類そのものを滅ぼしてしまいたい。

十四歳から二十二歳にかけての私は毎日のようにそんな衝動に駆られており、自殺を企てたことも一度や二度ではありません。醜い心を持つ今の人間をすべて滅ぼし、まったく新しい、純粋な心だけを持った人間の世界をつくりあげること、そのための精神的な革命を起こすことが、私がこの世に生まれてきた使命なのだ、と長い間思い続け、出口のない場所へ自分を追い詰めていました。

そんな苦しみの極限で、私を救ってくれたものの一つが、フランクルの次の言葉でした。

「人間が人生の意味は何かと問う前に、人生のほうが人間に問いを発してきている。だから人間は、ほんとうは、生きる意味を問い求める必要なんかないのである。

人間は、人生から問われている存在である。人間は、生きる意味を求めて問いを発するのでなく、人生からの問いに答えなくてはならない。そしてその答えは、人生からの具体的な問いかけに対する具体的な答えでなくてはならない」（『医師による魂の癒し』）

ここでフランクルが言っているのは、こういうことです。

私たちは、〝何のために生きているのか〟〝この人生に意味なんてあるのか〟と思い悩むことがあるけれど、ほんとうは、そういったことに悩む必要なんて、これっぽっちもないのだ。なぜならば、私たちがなすべきこと＝実現すべき意味・使命は、私たち人間がそんなふうに思い悩むかどうかとかかわりなく、〝私を越えた向こう〟から、私たちの足下《あしもと》に、常に既に送り届けられてきているからだ。つまり、〝何のために生きているのか〟という問いの答えは、私たちが何もしなくても、もう既に、与えられてしまっている。

私たちがなすべきこと、おこなうべきことはむしろ、私たちの足下に、常に既に送り届けられてきている〝意味と使命〟を発見し、実現していくこと。〝自分の人生には、どんな意味が与えられており、どんな使命が課せられているのか〝それを発見し、実現すること。それだけであり、そのことを私たちは、人生から問われている。人生のほうから求められている。

「人間は人生から問われている存在」だとフランクルが言うのは、そういう意味なのです。

どんな時も、人生には、意味がある。

どんな人の、どんな人生にも、なすべきこと、満たすべき意味が与えられている。

私たち人間の〝なすべきこと〟〝満たすべき意味〟〝この人生でなしとげるべきテーマ〟――これらはすべて、今も、また今も、私たちの足下に送り届けられてきている。だから私たちは、何も、それを求めて思い悩む必要はないのだ。

人生のこの、素晴らしい真実。

あとはただ、私たちがこの素晴らしい真実に目を開くだけ。

勇気を持って、こだわりを捨てて、この素晴らしい真実を受け入れるだけ。

人生のこの逆説的な真実を、フランクルのこの言葉は、語りかけてくれているのです。

〝いのちの働き〟に目覚める

この言葉が、私の心にスッと入ってきたのは、大学三年の時の、ある秋の日の午後。

前の日の晩、私は、いつものように〝私は何のために生まれてきたのか〟〝どう生きていけばよいのか〟という問いに取り憑かれて一睡もできず、そのため、ホトホト疲れ果てていました。そのせいか私は、ついに観念して、それまで七年間も抱え続け、私を苦しめてきたその問いを、とうとう放り出してしまったのです。

「もう、どうにでもなれ」と。

すると、どうでしょう。ついに朽ち果てて倒れたはずの私がそこに見たのは、なぜか倒れることも崩れ落ちることもなく、立つことができていた自分の姿だったのです。

私はそれまで、自分がどう生きればいいか、それがわからなければ生きていくことはできないと思っていました。だからこそ、どれほど苦しくてもその問いを問い続けてきたのです。

しかし今、こうして、ついに力尽き、問いを放り出した後でも、何ら倒れることなく、私は立つことができている。しかも驚くべきことに、その立ち方というのが、通常〝自分が立つ〟という場合の立ち方ではない。〝私が立つ〟という立ち方ではない。すべてを投げ出した私の全身からは、既にいっさいの力が脱け落ちている。にもかかわらず、こうして私は、決して私ではない〝何かほかの力〟〝何かほかの働き〟によって、立つことができている。

この驚くべき真実に、私はこの時、目覚めたのです。

そう思い、みずからに改めて注意をふり向けると、実際私の底には、何か大きな力が働いているようだ。一般に〝私〟と呼ばれている私を突き抜けた、私の底の底。私自身をその底へとどこまでも突き抜けていった〝私の底〟に、私自身より大きな何かの働きが与えられている。

その働きは、あえて名前を付ければ〝いのちの働き〟とでも呼ぶよりほかないような何か。あえて一言で言えば〝私の底のいのちの働き〟。

私はそれまで、自分がどう生きるべきかと悩むのに忙しくて、それに気づかずにきたけれど、この働きは実は、ずっと前から常に既に与えられており、私を生かし、私をあらしめ、私を成り立たしめてきた。つまりこの何かこそ、私の真実の主体。この何かの働きによって、私は立っていられる。この〝いのちの働き〟こそ私の真実の主体であり、むしろ〝この私〟は、〝いのちの働きがとった一つの形〟にすぎない、ということ。

みずからの存在の根底において常に既に成り立っているこの真実に、私は、先のフランクルの言葉を通して目覚めたのです。

と同時に即座に、私の思い悩みは消え去りました。答えが与えられて、悩みが〝解決した〟のではありません。思い悩む必要がなくなって、悩みそれ自体が〝消え去った〟のです。

私は時々、この体験を、講演やワークショップで話すことがあります。すると、何人かの方が、「私も、似たような体験があります」と言ってくださいます。

お聞きすると、やはりその方も、ご自分の病気や、家族の看病や世話の大変さ、借金苦や家庭の不和などの問題に苦しんだことがおありです。「私が何とかしなくては」とすべてを背負い込み、自分を責めて、責めて、責め続け、何度も自殺を決意しかけた方もいます。けれどその苦しみの極限で、なぜかふと、〝もういいや。こうなったらもう、どうにでもなってしまえ〟と、自分をぽーんと投げ出してしまえた。

するとしかし、なぜかそこで〝自分を越えた大きなもの〟に生かされている自分に気づく。自分が生きている、のではない。何か大きな大河の流れのような、あるいは、この大自然、大宇宙そのものであるような〝いのちの働き〟。それそのものが生きているのであって、〝私〟はその〝大きな大きないのちの働き〟に生かされているにすぎない。その〝大きな大きないのちの働き〟がとった、ほんのちっぽけな一つの形にすぎないということに気づく。

そしてそのことに気づくと、〝この私の悩み〟なんてものはあまりにもちっぽけで、途端にもう、どうでもいいことのように思えてくる。それでまた、〝よくわからないけど、とりあえず、生きてみようか〟という気持ちになってくる。

私がしたのと同じような、そんな体験を、案外多くの方がお持ちのようなのです。

〝俺はもう駄目だ〟と絶体絶命のところまで自分を追い込み、自殺を決意しかけた多くの方々。そんな方がしかし、そのまま駄目になってしまうか、それでも何とか〝生きてみようか〟と思えるかどうか。その分かれ目は、案外、こんなところにあるのかもしれません。つまりそれは、〝自分の悩み〟への執着・こだわりを〝手放す〟ことができるかどうか、そして、この自分の存在が〝自分を越えた大きな大きないのちの流れ〟のとった、一つのちっぽけな形にすぎないということを心の底から実感できるかどうかにかかっているのかもしれません。

求めれば求めるほど満たされない――幸福のパラドックス

フランクルの考えを真に受け入れることは、しかし、私たち現代人の生き方、〝人生への構え〟そのものに、ある根本的な転換をおこなうことを意味しています。

私たちはふつう、人生を〝自分のしたいこと〟をしていく場だと考えています。自分の夢を実現する。希望や願望を実現し、目標を達成していく。そんなところだと考えています。

もちろん、自分のしたいこと、やりたいことを実現していくことは、それ自体悪いことではありません。しかし、〝幸福になりたい〟という人間の欲望には際限がありません。ある地位を手に入れたらもっと高い地位が欲しくなる。ある程度有名になれたらもっと名声を、と思ってしまう。それが世の常で、だから〝幸福になりたい〟という欲望に駆り立てられている人は、どこまでいっても心の底から満たされることがありません。絶えず〝何か足りない〟〝どこか満たされない〟という欠乏感を抱き、〝永遠の不満の状態〟に陥ってしまうのです。

幸福は、それを求めれば求めるほど、私たちの手からスルリと逃げ去ってしまう、という人生のこの逆説的な真実。すなわち〝幸福のパラドックス〟。古来から、哲学者たちはこの人生の真実を説き、その罠《わな》に陥ることのないよう人々を戒めてきました。

フランクルもまた、人生のこの罠から人々を解き放とうとします。そしてそのために、〝人生への基本的な構え〟〝基本的な人生哲学〟を一八〇度、転換することを求めるのです。

つまり、〝私のしたいこと、やりたいことをするのが人生だ〟という人生観から、〝私のなすべきこと、私がこの世に生まれてきたことの、意味と使命とを実現していくのが人生だ〟という人生観へと、人生観を転換すること。こうした生き方の転換が、〝欲望の虜《とりこ》〟となり〝永遠の不満の状態〟にイラだちながら生きる状態から脱け出して、〝私は、なすべき時に、なすべきところで、なすべきことをしている〟という深い〝生きる意味〟の感覚に満たされて生きていくことができるようになるためには必要なのだと、フランクルは言うのです。

そしてそのために、フランクル心理学では、従来の心理学の問いを逆さにします。

これまでの心理学では、次のように自問するよう促してきました。

「私が、ほんとうにしたいことは、何だろう」

「私の人生の目標は何だろう。どんな希望や願望を実現したいのだろう」

これは、言わば〝幸福の獲得を目指す問い〟です。しかし、このように自分に問うていくと、私たちの欲望は掻《か》き立てられ、ますます〝欲望の罠〟にはまってしまいます。

そこでフランクル心理学では、これを逆さにし、次のような問いに変えます。

「私は、この人生で何をすることを求められているのだろう」

「私のことをほんとうに必要としている人は誰だろう。その人は、どこにいるのだろう」

「その誰かや何かのために、私にできることは、何があるだろう」

フランクル心理学では、絶えず、このように自問しながら生きていくように勧めるのです。

つまりフランクルが私たちに求めているのは、〝欲望や願望中心の生き方〟から〝意味と使命中心の生き方〟への転換。〝したいことをする生き方〟から〝なすべきことをする生き方〟への転換で、そうすることではじめて、私たちの人生は、欲望への執着から解き放たれたサワヤカな人生、生きる意味と使命の感覚に満たされた人生に変わるのだ、と言うのです。

またそれに伴い、私たちを苦しめているさまざまな〝人生の問題〟〝悩みのタネ〟とのつきあい方にも変化が生じてきます。〝欲望や願望中心の生き方〟〝したいことをする生き方〟をしていると、当然ながら〝悩みのタネ〟などなくしてしまったほうがいいことになります。病気は早く治したほうがいい。人間関係は修復できればそれでいい。不登校の子どもは、早く学校に行けるようになればそれでいい、というわけで、要するに〝悩み〟や〝問題〟はさっさと片づけてなくしてしまったほうがいい対象にすぎないことになります。

それに対して、フランクルが説く〝意味と使命中心の生き方〟〝なすべきことをなしていく生き方〟へと生き方の転換を遂げた人は、こう考えるはずです。

病気。人間関係のトラブル。リストラによる失職。子どもの不登校や家庭内暴力。こうしたことが起こるからには、何かそこに〝意味〟があるはずだ。これらの出来事を通して、人生が私に、何かを問いかけてきているはずだ。

これらの出来事は、いったい、何を意味しているのだろう？　これらの出来事を通して、人生は私に、何に気づかせ、何を学ばせようとしているのだろう？

これが、フランクル心理学の、そしてそれを含むトランスパーソナル心理学の考え方。

つまり、この人生で起こる出来事は、たとえそれがどんな辛い出来事であれ、それが起こるからにはそこには何か意味があり、何かに〝気づき〟何かを〝学ぶ〟よう促してきているはずである。人生とは、私たちにとって、そのような〝学び〟や〝気づき〟を得ていく、魂の成長の機会であり、〝試練〟の場である、と考えるのです。

仕事における〝生きがい〟——創造価値

〝自分のしたいこと〟ではなく〝人生が自分に求めてきていること〟を見つけて取り組んでいけ、それが、私たちが生きる意味を実感しながら生きる道だ、とフランクルは言います。

そして、私たちが〝自分がほんとうになすべきこと〟を見つけるための手がかりとして〝三つの価値領域〟を提示します。創造価値、体験価値、態度価値の三つです。

一つめの〝創造価値〟。これは、自分の〝仕事〟を通して実現される価値のことです。〝仕事の価値〟について、まず言わなくてはならないことは、私たちがふだんやっている何気ない仕事にも、実は、たいへん大きな価値が潜んでいる、ということです。

たとえば、お茶くみやコピー取り。こんな地味な仕事でも、それをやってくれる人がいることで、ほかの人のストレスがどれだけ緩和されているかを考えると、とてつもなく大きな価値があることがわかります。ある人からお茶をいただき、その人のさり気ない気配りに、とても安らいだ気持ちになった覚えがある人は少なくないでしょう。

また、たとえば化粧品のセールス。一見利益至上主義の仕事に見えますが、少し化粧の仕方が変わることでずいぶんイメージが変わることがあるものです。そして、他人の目に映る自分の姿が変わることで、自分で自分について抱くイメージ（自己イメージ）も変わり、その結果その人の性格まで、自信に満ち、積極的な性格に変わることもあるでしょう。

とは言っても、私は何も、今の仕事に満足しなさい、と言っているわけではありません。やはり仕事を変えなくてはダメだ。今の仕事を生きがいにすることなど、とてもできそうにない。そう思っている方もいるでしょう。そんな方は、思い切って他の仕事を探してみるのもいいでしょう。もっともこの不況下。むやみな冒険はお勧めしかねますが。

私が思い出すのは、イギリスで出会った二十代後半から三十代前半の日本人学生です。私の留学先だったイースト・アングリア大学は、発展途上国の〝開発〟に関する学問では世界有数の大学。夢のある分野だからか多くの日本人が在籍しており、実に大学院生の三分の一が日本人学生。しかもその多くが一流企業の元サラリーマンたちだったのです。

ある男性は私に、こう語ってくれました。企業に活気があったのはバブル崩壊前まで。バブルがはじけてからは活気も衰え、社員の夢もしぼんできた。毎日擦り切れるほど働いて、人間関係にも気を使ってクタクタになる。それでも幹部になれるのは、一〇〇〇人ほどいる同期の中でほんの二、三人。もし勝ち抜いて上に行けたとしても〝小さな歯車が、大きな歯車に変わるだけ〟。しょせんは消耗品にすぎず、人生の大半の時間を仕事に費やすのだとすれば、このままの生活を続けるのは、もう御免だ。そう思って、思い切って会社をやめ、開発学の勉強をするためにイギリスの大学に来たと言うのです。

日本でサラリーマンをやっていると、つい目の前のことで一杯で、視野が狭くなりがちです。しかし彼らのように視野を広く取り、外に目を移していくと、〝自分が誰かの役に立てている〟ことを実感できる仕事はいくらでもあるはず。〝働きがい〟のある仕事を見つけるには、視野を広く取る必要があることを私は彼らから学びました。

人とのつながりにおける〝生きがい〟——体験価値

二つめの〝体験価値〟。これは、人とのつながりで実現できる価値のことです。

人間は、人とのつながりなくして〝生きている喜び〟を感じることはできません。

自分のことを必要としてくれる誰かがいる。そしてその誰かのために、自分にもできることがある。このことほど、私たちの生きる意欲を喚起してくれるものはありません。

次のケースは、私がフランクル心理学を教わった高島博医師から聞いた話です。

余命三カ月と診断されたある老婆。先はもう長くないことを察した彼女は、次第に自己中心的な態度をとり始めました。見舞いに来てくれた家族や看護婦に横暴な態度をふるい始めたのです。自分はもうすぐ死ぬのだから、まわりの人は自分に尽くしてくれて当然と言わんばかり。容姿も気にかけなくなって、なりふり構わず、化粧も一切しなくなっていました。

その彼女がある朝、ふと窓の外を見やった時のことです。彼女の目に映ったのは、憔悴《しょうすい》しきったサラリーマンたちの姿。老婆はそこで、「人生で絶望しているのは、自分だけではないんだ」ということに気づいたのです。

元来、陽気で活発な性格の持ち主であった彼女は、その翌日、看護婦に頼みました。化粧を整え、車椅子を外に出し、押してもらうことを。そして、会社へと急ぐサラリーマンの一人一人に「行ってらっしゃい」と微笑みかけていったのです。

最初は、何のことか戸惑っていたサラリーマンたちも、次第に、ニッコリと笑顔を返してくれるようになりました。彼女にも、疲れきって曇った顔だったサラリーマンたちの顔に微笑みと元気が戻ってくるのが、手に取るようにわかりました。

これが嬉しくて、サラリーマンへの朝の挨拶はこの老婆の日課となりました。そして、それが生きがいとなってか、老婆は医師の予測より倍以上も生きたといいます。人に喜んでもらうことが、文字通り、自分自身の〝生きる力〟となって返ってきた好例ですね。

〝運命〟への姿勢における生きがい――態度価値

最後に〝態度価値〟。これは、自分に与えられた運命に対してどういう態度をとるか、その生きる姿勢によって実現されていく価値のことです。

人間には、持って生まれた運命があります。どんな家に生まれたか。どんな顔に生まれたか。からだは健康なほうか病気がちか、などなど。この〝与えられた運命〟にどういう態度をとるかによって、その人の人生の真価が問われる、とフランクルは言うのです。

ここで私が思い出すのは、元プロレスラー、アントニオ猪木さんの話です。

猪木さんと言えば、あのなが～いアゴがトレードマーク。私は猪木さんの熱狂的なファンなのですが、実は、若い頃の猪木さんは、あの長いアゴにたいそうコンプレックスを抱いていたそうです。手術してもらおうと決意して、病院のドアをたたいたこともあったようです。

ところが、そんな猪木さんに対して医師は、「猪木さん、そのアゴを短くするなんて、もったいない。プロレスラーという人気商売をするあなたにとって、その長いアゴは、何にもまさる商売道具になるはずです。そのなが～いアゴを一度見た人は、もうそれで、あなたのことを忘れないはずです。絶好のトレードマークじゃないですか」こう言ったというのです。

猪木さんはこの言葉でフッキレたそうです。燃える闘魂・アントニオ猪木の、拳《こぶし》を握り長いアゴを突き出すあの独特のファイティングポーズは、こうして生まれたのです。

カウンセリングの技法に〝リフレイミング〟というのがあります。それまで、欠点だと思っていたものを肯定的に捉え直して、その意味づけを変えていく方法です。猪木さんもこの医師の助言によって、自分のアゴを肯定的に意味づけし直すことができたのです。

人生が終わるその時まで

もう一つ、今度はもう少し重い、態度価値の実現例を。

次のケースは、フランクルが若い頃勤めていた病院の入院患者の話です。

多忙な広告デザイナーだったある若い男性。悪性で手術もできない重篤の脊髄腫瘍をわずらっていた彼は、そのために手足が麻痺してしまい、デザイナーという仕事を断念せざるをえなくなりました。無残にも彼はここで、〝創造価値〟実現の可能性を断たれてしまったのです。

それでも、彼はめげません。毎日を少しでも意味あるものにしようと、読書に励み、ラジオを聴き、ほかの患者との会話に熱中したのです。ところが病の進行のために筋力が衰え、書物を手に取ることすらできなくなりました。さらには頭蓋骨の神経の痛みのため、ヘッドフォンの重さにさえ耐えることができなくなり、他の患者と話をすることもできなくなりました。彼はとうとう、〝創造価値〟に加えて〝体験価値〟実現の可能性まで奪われたのです。

しかし彼は、それでも次のような態度をとることで、自分の人生を意味のあるものにしようとしました。自分の生命がおそらくあと数時間しかないことを知った彼は、ベッドの側《そば》を通りかかった当直医のフランクルを呼び寄せて、次のように伝えたというのです。

「午前中、病院長が回診した時にわかったのですが、私には、死ぬ数時間前になったら苦痛を和らげるためのモルヒネを打つように指示がくだされているようなんです。つまり私は、今夜で終わりだと思います。そこで、今のうちに注射を済ませておいてくださいませんか。そうすれば、あなたも私のためにわざわざ安眠を妨げられずにすむでしょうから」

フランクルは言います。「この男性は、人生の最後の数時間においてさえ、まわりの人をいたわり気を配りました。どんな辛さや苦痛にも耐えた勇気に加えて、彼のこうしたさりげない言葉、まわりの人を思いやるこの気持ちを見てください。まさに死の数時間前のことなのです。ここには素晴らしい業績があります。職業上の業績ではなく、人間としての無比の業績が」。

私たちがまさに息を引き取るその時まで、この人生から〝なすべきこと〟〝実現すべき意味〟がなくなることはないのです。ついに人生が終わるその時まで、〝意味〟は絶えず送り届けられてきていて、私たちに発見され実現されるのを〝待っている〟のです。

ヒント2

人間の生死の意味は宇宙の自己進化の流れの中にある

――ケン・ウィルバー“進化する宇宙＝コスモス”の物語

宇宙には〝自己進化の力〟が働いている。
そして人間は、みずからが宇宙の自己進化の働きの一部であることを自覚しつつ、
その使命を果たすことのできる唯一の存在。
つまり、私たち人間は〝宇宙がみずからを見る眼〟。
私たちの生死を通して宇宙が花開き、
宇宙の意味が生成していく。

〝宇宙の中の自分〟という感覚

自分がこの果てしない、大宇宙の一部であることを思い出すことは、私たちに生きる意味の感覚とエネルギーを与えてくれます。たとえば、私であれば、こんな場面。

疲れきった仕事の帰り道。思うように事が運ばず、トボトボと歩を進める。しかもそれが〝何のために〟しなくてはならないのか実感できず、自分という存在が、ただ与えられた仕事をこなすだけの〝歯車〟のように思えてくる。

そんな時、ふと立ち止まって空を見上げ、次のようなことを思う。

どこまでも続くこの果てしない宇宙。なのに〝今・この時代・この時〟〝この地球の・この国の・この場所〟に、なぜか〝この私〟が置き与えられている。

一見、単なる偶然に見えるこの事実。しかし考えてみれば、果てしなく続く時間と空間の中で、〝ほかのいつでもどこでもない今・ここ〟に、こうして私が与え置かれているということには、やはり意味がある。自分が選び取ったのでなく、気づいた時には既にここにいたからこそ、このことにはただそれだけで、意味があると思わずにいられないのだ。

私たちは何をしてもいいし、しなくてもかまわない、そんな存在なんかではない。ましてや、ここにいてもいいし、いなくてもかまわない、そんな放り出された存在ではない。

どんな人の、どんな人生にも、意味がある。

私たち一人一人は、この果てしない大宇宙の中で、その〝なすべきこと〟〝満たすべき意味〟と共に、今・ここに定め置かれている。どんな人も、その人が生涯で果たさなくてはならないその独自の〝使命と役割〟＝〝その人がこの世に生まれてきたことの意味〟と共に、この大宇宙の中で、特定の時間と場所を与えられているのだ。

こんなことを思い浮かべると、私の魂は鼓舞されていきます。くじけそうだった自分の心に次第にエネルギーが満ちてきて、〝あるべき状態〟に戻っていくのを感じるのです。

トランスパーソナル心理学は、その創始者アブラハム・マズローもそれを〝宇宙に中心を置く心理学〟と言っていたほど。この〝宇宙の中の自分〟という感覚、さらには〝宇宙とこの私は一つである〟という感覚をとても大切にします。そして、同じ宇宙から生み出されたものとして、〝この地球や、生態系や、人類とも一つである〟という感覚、この宇宙の万物との〝つながり感覚〟をとても大切にするのです。

これを私の実感に即して、よりリアルに言うと、こうなります。

私たちはふつう、私が生きている、私がいのちを持っている、と思っているけれど、そうではない。むしろ、この大宇宙全体に浸透している〝見えない働き〟＝大いなる〝いのちの働き〟そのものがまずあって、その働きが、今ここでは〝この私〟という形をとっている。

つまり、〝いのちが私している〟。大いなる〝いのちの働き〟がまずあって、それがあちらでは〝花〟という形、あそこでは〝鳥〟という形、そしてこちらでは〝私〟という形をとっている。〝永遠のいのち〟がある時は〝私する〟し、ある時は〝花する〟。またある時は〝火する〟。こんなふうにして、次々と変転万化、異なった形をとっていく。つまり、万物の本体はこの永遠の〝いのちの働き〟、すべてが具体的な〝形〟をとる以前の〝働きそのもの〟、〝見えない次元の働き〟〝宇宙そのものと言ってもいい働きそれ自体〟なのであって、この次元、この相に着目すれば、宇宙の万物は分離不可能。すべては〝一つ〟である。

そして、このことをしみじみと実感すれば、私たちの同一性の感覚にシフトが生じてきます。この感覚の変容について、あのアインシュタインは次のように語っています。

「人間は、われわれが〝宇宙〟と呼ぶ全体の一部、時間と空間に限界づけられた一部である。人間は、自分自身、自分の思考や感情を他のものから分離した何ものかとして経験するが、それは、一種の意識の錯覚である」

またこれは、宮沢賢治が『農民芸術概論綱要』で語った次の言葉にも通じるものがあります。

「正しく強く生きるとは銀河系を自らの中に意識してこれに応じて行くことである」

宇宙に働く〝自己進化の力〟

ところで、宇宙について考える時、大切なことは、それを私たち人間から切り離して考えない、ということです。

〝宇宙〟というと私たちはつい、夜空に星がきらめく〝あの宇宙〟を考えてしまいます。つまり、私たちとは別の〝むこう側にある、あの宇宙〟を。そして〝あの宇宙〟を思い浮かべる時、私たちはそれを人間と無関係などこか物質的なものとしてイメージしてしまいがちです。

しかし、考えてみれば当たり前のことですが、この地球も、そしてこの地球上のさまざまな生命も、植物も動物も、さらにはこの知性と精神性を備えた人間もやはり、大宇宙の大切な一部なのです。宇宙には、この私も、あなたも、そして花も犬も、すべて含まれているのです。そんなふうに考えると、宇宙って、何だかとても不思議なものですね。

そもそも宇宙は、何もないところにビッグ・バンが起こって偶然に始まった、と考えられています。ビッグ・バン仮説によれば、百二十億から百三十五億年ほど前に小さな凝縮されたエネルギーの球が爆発的に拡大し始めたのが、宇宙の始まり、ということになっています。

仮にこのビッグ・バン仮説が正しいとしても、その後百数十億年間、宇宙はただモノ（物質）としてアトランダムに運動していたのではありません。拡散の仕方が不均衡だったためにさまざまな物質の集まりの濃度に不均衡ができ、星雲が生み出され、銀河系、太陽系、地球が生み出され、その地球では単なる物質を越えたさまざまな生命が生み出され、そして、心と魂を持った存在＝人間が生み出されてきたのです。また、素粒子から原子、分子、高分子、細胞、器官、と次々とより複雑になり、より高次な秩序が生み出されています。

このようなことが、〝単なる偶然〟で起きるでしょうか？

ふつうに考えれば、物質はどこまで行っても物質のままのはず。しかし、その物質から、ひょんなはずみで〝生命〟が生み出された。そしてその〝生命〟からひょんなはずみで〝心〟が生み出され、そしてさらには〝魂〟や〝精神〟が生み出された。そこには、明らかに〝質的な差異〟があり、ある種の〝飛躍〟を想定しないわけにはいきません。

このようなことが起こるのは、宇宙それ自体にある一定の方向に向かう〝力〟が働いているからだ、と考えられないでしょうか。つまり宇宙それ自体に、絶えずより複雑化し、新たな何かを創出していく〝自己進化の力〟が働いていて、この宇宙の自己進化の途上で物質を〝含んで越える〟形で生命が生み出され、生命を〝含んで越える〟形で心が生み出され、心を〝含んで越える〟形で魂と精神までもが生み出されたのだと、そう考えることはできないでしょうか。

それとも、これらはすべて〝単なる偶然〟の仕業なのでしょうか。

私の見るところ、この世界は、単なる偶然の仕業とみなすにはあまりに完璧にできています。たとえば、私たちの住む地球は、完全なバランスを維持しながら太陽の周りをまわっています。もしそれが一度でもずれて、その状態が一年続くなら、私たちは黒こげになってしまうか、凍え死んでしまうかなのです。これは、偶然の産物でしょうか。

私たちのこの身体も、神秘とか驚異といった言葉でしか表現しようのないほど、調和のとれた組織をなしています。これも、偶然の産物でしょうか。

トランスパーソナル心理学最大の理論家、ケン・ウイルバーは、決してそんなことはありえない、と言います。

たとえば今、猿が手当たり次第にタイプライターを打っているとします。その結果偶然、シェイクスピアの劇がつくられる、などということが、常識で考えられるでしょうか。確率論で言えば、その可能性は一万×一〇〇万の六乗分の一にすぎません。これは単純計算すると、十億の二乗年、という気の遠くなるような膨大な時間がかかることになるのです。

しかし現実には、この宇宙には、たった百二十億年の時間しか与えられていません。先の猿のタイプライターと同じように単純計算するならば、この時間は、たった一個の酸素を偶然に生み出すのにも不十分な時間でしかないのです。

いかがでしょう。確率論で言えば、この宇宙には、どうやら偶然以外の〝何かの力〟＝〝自己進化の力〟が働いている、と考えたほうがよさそうではないでしょうか。

ウイルバーも、そう考えます。大自然には、神秘的とさえ言える不思議な秩序が満ち満ちている。驚くほかないように精密にできている人間の身体も、心も、そして魂も、この全宇宙の壮大な進化のプロセスの中で、その重要な一部として生み出されたものである。しかも歴史の中で、イエスやブッダという覚者、ソクラテスという偉人も登場した。

こんなことは、〝単なる偶然〟では起こりようがないことだ。この宇宙は、それ自体、目的と秩序を持ち、ある一定の方向に向かって進化を続けている。つまり〝自己進化〟している。イエスやブッダのこころをその一部として含む宇宙は、やはりそれ自体、こころを持っており、みずからの意思と目的を持ってある方向に進んでいる。そう、ウイルバーは言うのです。

〝宇宙そのものが自己進化している〟というウイルバーのこの考えは、決して奇抜なものではありません。現代科学の大きな流れともほぼ一致しています。たとえば、エントロピーが増大すれば秩序は崩壊し、混沌となり、いずれ停止に至るという従来の〝エントロピー増大の法則〟に従う考えに対し、〝混沌そのものが新しい秩序の先駆けとなる〟のだと〝混沌から生まれる秩序〟という考えを一九六〇年代に説いたプリゴジン。また、それをもとにして一九八〇年代に説かれたエーリッヒ・ヤンツの〝自己組織化する宇宙〟。その他、フランシスコ・ヴァレラらの〝自己創出性（オートポイエーシス）〟の理論や、個人の心も社会も共に自己創出的なシステムであり、互いにある世界を共同創造しつつ〝共進化〟するのだ、とするニクラス・ルーマンの考えなど、一般に〝複雑性の科学〟と呼ばれる現代科学の成果が指し示す方向性が、〝自己進化する宇宙〟というウイルバーのアイディアの重要な根拠の一つとなっています。

ウイルバーは、生命や心、魂や精神をその一部として含み、ある一定の方向性を持って〝自己進化〟するこの宇宙の全プロセスを、単なる物質的な宇宙（cosmos）と区別し、古代ギリシアの用法にならって大文字のKで始まるKosmos〈コスモス〉と呼びます。

宇宙に人間が生まれたことの意味

では、この〈コスモス〉の進化史の中で、人類の登場にはどんな意味があるのでしょうか。人間がこの宇宙に生まれてきたことには、どんな意味があるのでしょう。

その答えは、人間が、宇宙の自己進化の歴史の中で、はじめて、自分自身についての意識、＝〝自己意識〟を持つに至ったことにある、とウイルバーは考えます。

こころを持つ宇宙＝〈コスモス〉は、それ自体、意思と目的を持つかのように、ある一定の方向に向かって自己進化している。その宇宙の自己進化のプロセスの中でその一部として人類が生み出されたのだが、それまでの生命と異なる人類最大の特徴は、それがはじめて〝自己意識〟を持ったことにある。全宇宙の進化のプロセスではじめて〝自分自身についての意識〟を持ち、みずからを振り返ることができるようになった存在、それが人類なのである。そしてこの人間における〝自己意識〟の発生は――人間は宇宙の一部なのだから当然――宇宙そのものがみずからをはじめて認識し始めたことを意味している。人類の誕生、そして〝自己意識〟の発生は、〝宇宙それ自体の自己認識の始まり〟という、宇宙の進化史におけるきわめて画期的な出来事であった、とウイルバーは言うのです。つまり、人間の〝自己意識〟のほんとうの意味とは、それを通して、宇宙そのものが宇宙みずからを振り返る〝認識装置〟であることにある。

平たく言うと、〝宇宙そのものが自分を見つめる眼〟をはじめて持ったこと。これが、宇宙の歴史における人類登場の最大の意味だ、とウイルバーは言うわけです。

何てでっかいことを言うんだろう、と思われた方もいるかもしれません。

しかし、このような考えは、一人ウイルバーだけのものではありません。

たとえば、量子宇宙論者ビレンキンは、この宇宙には〝人間原理〟が存在する、と言います。無数に誕生した宇宙のうち、その多くは失敗作で、生まれてすぐ収縮するなどして消えていったのですが、この宇宙の物理的条件は人間を生み出すのに都合のよいものになっていた。たとえば、光の速度が毎秒三〇万キロメートルである必然性はどこにもないのだけれど、この宇宙では、百数十億年前の誕生時にそれがこの値にセットされていた。そしてそのようなプロセスの末、生まれてきた人間によって、今、宇宙そのものが認識されている。そのように考えると、宇宙は、人間において宇宙が宇宙自身を認識することに向かって進化してきたのだ、としか考えられない。ストレートに言えば〝宇宙は人間を生み出すために自己進化してきた〟。そんな〝宇宙の人間原理〟をビレンキンは唱えるのです。これには賛否両論あるでしょう。

しかしいずれにせよ、人間が宇宙の歴史の中で、はじめて〝自己意識〟を持つに至った存在であること。しかもこの人間における〝自己意識〟の発生には、〝宇宙の一部がみずからを振り返る眼〟をはじめて持つに至った、という意味があること。このことに疑いはありません。

そしてここが大事なのですが、したがって人間は、みずからが宇宙の自己進化の一部をなしていることを〝自覚〟しつつ、その使命を果たしていくことのできる唯一の存在である。だから私たち人間がこの世に生まれてきたことの意味、人間の生死のほんとうの意味は、私たち自身がこの宇宙の働きの一部であることを〝自覚〟し、宇宙の自己進化の道の中でみずからが果たすべき役割＝言わばその〝天命〟を知り追求していく中にある。つまり、私たち人間が〝宇宙の眼となって宇宙自身を見る〟こと。私たちの生死を通して宇宙が花開き、宇宙の意味が生成し発展していっていると自覚しつつ生きること。人間の生死のほんとうの意味はそこにあり、したがって人間は宇宙の進化における自分の存在の意味と使命を〝自覚〟して、みずから積極的にこの進化のプロセスにかかわりながら生きていくべきだ。ウイルバーはそう言うのです。

人間は生きているだけで偉い

いかがでしょう。人間は〝宇宙がみずからを見る眼〟である、などと言うと、そんな大げさな、と思われたかもしれません。

しかし私は、このことは、とても重く受け止めるべきだと思います。

人間は、人間であるだけで、この宇宙の歴史の中で、そのような特別な意味と価値と使命とを負わされた、大切な存在なのです。

人間はただ生きているというだけですごいのだ。

こう言ったのは、『大河の一滴』の五木寛之さんです。

どうぞみなさん、ここで〝宇宙そのものの立場〟に立ってみてください。

〝宇宙そのものの気持ち〟になって、人間を見つめてください。

すると、この宇宙の自己進化の歴史の中で、人間の存在がどれだけ大切な意味を持っているか、人間が、生きているだけで、どれだけ価値のある存在かがわかります。

まさに〝人間は、生きているだけで、偉い〟。これが〝宇宙の立場〟に立ち、〝宇宙そのものの気持ち〟になって人間を見た時の一つの結論です。何と言っても、この宇宙の中で、ただ人間だけが、〝宇宙そのものの眼〟となって自分自身を見ることができるわけですから。

そう考えると、いのちの大切さが改めて実感されてきます。自殺をする、自分のいのちを自分で捨てる、などもってのほかで、まさに〝宇宙の意思に背いた行為〟と言えるでしょう。

くり返しますが、人間は、ただ生きているだけ、それだけで、この宇宙においてとてつもなく大切な、価値ある存在です。しかしもちろん、だから人間は何もしなくてもいい、とか、何をしても同じだ、ということにはなりません。

自己意識を持ち、知性をじゅうぶんに発達させ、さらには魂や精神まで持つに至った人間は、その意味で〝宇宙の自己進化の最先端に位置する存在〟です。したがって人間は、宇宙における自分のそのような位置、みずからの使命と役割をじゅうぶんに〝自覚〟して、可能な限りの自己成長に励むべきだ。魂と精神性の修練に努めるべきだ。これがウイルバーの考えです。

さらにウイルバーは言います。人類にはイエスやブッダという先駆者がおり、彼らはどのようにしてそこに達したかを示す細かな資料を残してもいる。つまり、既にその実例も指針も残されている。にもかかわらず、集団としての人類は、平均的にはようやく自我のレヴェルに達した段階であり、また、そこに居直っているかのように見える。「たしかに自我は驚くほど高度の統一性である。しかしそれは、宇宙全体の統一性に比べれば、全包括的リアリティの哀れなひと切れでしかない。自然はこの数十億年もの間、ただこんな自我ネズミを生み出すだけのために精を出してきたのだろうか」（『アートマンプロジェクト』）。

ウイルバーの目に映った現代人の姿とは、つまるところ、単なる〝自我ネズミ〟！　すべての人間には、イエスやブッダのレヴェルまで行ける〝こころの成長可能性〟が備わっているけれど、成長には必ず大きな試練や苦難が伴う。だから現代人の大半は、自分をより高いレヴェルに高めていく可能性を拒否しており、その姿は、せっかく人間としてこの世に生まれてきた使命を怠っているとしか思えない。すなわち現代人は、〝人類規模の発達停止、発達拒否〟に陥っている。物質的に豊かになったにもかかわらず、人々の多くが苛立《いらだ》ちやむなしさを禁じえず、さまざまな事件や問題を起こしているのはその兆候である、とウイルバーは言うのです。

何とまぁ、手厳しい！　さらにウイルバーは、こう追い打ちをかけてきます。

生物学の常識では、発達を拒否した生物は必ず奇形化する運命にある。その法則が人間のこころにも当てはまるとすれば、人間のこころもいずれ奇形化するに違いない。最近、大都市圏の若者を筆頭に、現代人はますます幼稚化しているように思われるけれど、これは、人類の〝こころの奇形化〟の始まりではないか。そのように警鐘、と言うか、脅しをかけてくるのです。

万物の〝根源的平等性〟

ところで、読者の中には、ウイルバーはあまりにも人間を特別扱いしすぎているのではないか、人間中心主義に陥っているのではないか、と思われた方もいるでしょう。

私たち日本人は、人間を自然全体の一部とみなす傾向が強く、生きとし生けるもの（衆生《しゅじょう》）のみならず、山川にも国土にも〝こころ〟がある、という感性を根強く持っていますから、余計にそのような反感を持たれた方も多いと思います。しかし、それは大きな誤解。

その誤解を解くためにも、次のことを是非、指摘しておかなくてはなりません。

〝宇宙における人間の位置〟について考える時、宇宙における万物の〝根源的平等性〟と〝相対的な質的差異〟この両方を共に大事に扱うことがとても大切になってきます。

このいずれかを見落とすと、バランスを欠いた話になったり、宇宙における人間の位置がよく見えなくなったりするのです。そして、この両方の側面を共に大事にしているのが、他の思想にあまりない、ウイルバーの思想のよさなのです。

説明しましょう。まず、宇宙における万物の〝根源的平等性〟から。

このことを理解するために、先に私が〝いのち〟について言ったことを思い出していただければ、と思います。大いなる〝いのちの働き〟がまずあって、それがある時は〝花する〟し、ある時は〝鳥する〟し、またある時は〝私する〟。そんなふうに次々と変転万化、異なった形をとっていくけれど、そのおおもとの〝いのち〟は不生不滅、生まれることも滅びることもなくずっとあり、それはもともと〝一つ〟である。

私はここで、他に言いようもないから〝いのち〟という言葉を使いましたが、それは〝存在〟と言ってもいいし、〝魂〟と言ってもかまいません。『般若心経』が好きなウイルバーは〝空〟という表現を使います。ほかにも〝エネルギー〟〝宇宙に浸透する生命エネルギー〟いろんな言い方がありますが、どれを使ってもかまいません。どんな言い方をしてもそうだと言えるし、またどんな言い方をしても嘘になるからです。

要するにそれは、あらゆる〝形〟を脱し〝言葉〟にならない〝働きそのもの〟のこと。この世界、この宇宙の万物は、どんな形にもならない、大いなる〝働きそのもの〟がとったさまざまな〝形〟＝〝仮の姿〟であって、そのおおもとの〝働き〟のところでは、宇宙のすべては〝つながっている〟。というより、むしろ〝一つ〟なのです。

そこでは、〝花〟も〝鳥〟も〝人間〟もありません。道端で転がっている〝石ころ〟だってかまいません。すべては〝つながって〟いて、もともと同じ〝一つの働きそのもの〟である。これが、宇宙における万物の〝根源的平等性〟であり、そこでは、さまざまな具体的な〝形〟の違いはすべて消え去ってしまうのです。

このことをうまく説明しているのが、物理学者デビッド・ボームが素粒子の不思議な動きを説明するために考え出した〝ホログラフィー宇宙モデル〟です。

それによれば、この宇宙は二重構造になっていて、〝目に見える次元〟の物質的な宇宙（明在系＝イクスプリケイト・オーダー）の背後に、もう一つ〝見えない次元〟の宇宙（暗在系＝インプリケイト・オーダー）が存在しています。そして後者の〝見えない次元〟の宇宙（暗在系）には、あらゆる物質、精神、時間、空間などがたたみこまれていて、分離不可能。〝目に見える次元〟（明在形）ではバラバラに見える石もビルも鳥も人間も、〝見えない次元〟（暗在系）ではすべて溶け合っていて〝一つ〟である。それどころか、私はあなたであり、彼や彼女であり、同時に花であり、鳥であり、ビルである。月であり太陽であり宇宙でもある。つまり、原子以下の素粒子のレヴェルに着目すれば、あらゆる物質は〝どこにも存在していない〟とも言えるし〝あらゆるところに存在している〟とも言える、非局所的な〝霧〟のようなもの（ノン・ローカリティー）。そこは、時間とか空間とかいった考えそのものが通用しない次元で、物質も精神も〝エネルギー〟としてたたみこまれている、とボームは言うのです。

では、私たちのこのからだとか、目に見える物質とは何なのか。ボームによれば素粒子は、〝見えない次元〟（暗在系）と〝見える次元〟（明在系）の間を絶えず行ったり来たりしており、しかしそれは、ある〝意味の場〟があるところではそれに従ってまとまりのある〝形〟をなし、目に見えるようになる。それがいわゆる物質だというわけです。

しかしいずれにせよ〝見えない次元〟（暗在系）では物質と精神の違いも存在しておらず、まさに万物は〝根源的に等しい〟。いや、等しいばかりでなく、もともと分離不可能で〝一つ〟なのです（ホログラフィー宇宙モデルについては天外伺朗さんの一連の著作を参照のこと）。

こうして〝見えない次元〟（暗在系）に着目すれば、宇宙の万物の根源的平等性と共に、そのすべてが分離不可能に〝つながっている〟相が見えてきます。そのため私たちは、こうしたものの見方を〝つながりコスモロジー〟と呼んでいます。それは、『般若心経』で言う「色即是空」（色、つまりこの世の形あるものの一切は実は、それ自体でいかなる実体も持たず、あらゆる形を脱した〝空〟である）がまさにそのまま成り立っている次元の話なのです。

壮大な進化の構造の見取り図

この世界、この宇宙の万物には〝根源的平等性〟が成り立っている、すべては〝つながって〟いて分離不可能。もともと同じ〝一つ〟の働きである、と先に私は言いました。

しかしウイルバーによれば、私たちの生きる意味や価値を紡ぎ出すには、ただこの〝万物の根源的平等性〟に着目するだけでは不十分。意味や価値を紡ぎ出すには、物質を〝含んで越えて〟生命が生み出され、生命を〝含んで越えて〟心が生み出され、心を〝含んで越えて〟魂と精神が生み出されてきた、宇宙の自己進化の仕組みを理解する必要があるのです。

つまり〝万物は宇宙の顕現としてまったく平等だ〟という面にばかり着目するのではなく、物質と生命、生命と心、心と魂／精神の間に〝相対的な質的差異〟＝不可逆な〝階層的秩序〟があることを認めなくてはならない。そこに着目してはじめて、私たちの生きる意味や価値、私たちがこれからどこへ向かえばいいかの方向性も示されてくるとウイルバーは言うのです。

ではこの、宇宙の自己進化に伴う、物質から生命へ、生命から心へ、心から魂や精神へという〝質的差異〟〝階層的秩序〟をウイルバーはどう説明するのでしょうか。ウイルバーはここで、アーサー・ケストラーが提出した〝ホロン〟という語をうまく使います。

ホロンとは、〝それ自体で完結した全体でありながら、同時により大きな何かの部分である要素〟のこと。ホロンの観点から見ると、たとえば原子は全体としての分子の部分で、分子は全体としての細胞の部分であり、さらに細胞は全体としての生命体の部分であり、といったように、この世界、この宇宙の万物はホロンから成っており、後のものが前のものを〝含んで越える〟という仕方で進化しているのがわかります。したがって、この世界、この宇宙は〝ホロンの階層＝ホラーキー〟から成っている。物質を〝含んで越える〟形で生命が、生命を〝含んで越える〟形で心が、心を〝含んで越える〟形で魂や精神が生み出されてきたのも、宇宙がこの〝ホロンの階層＝ホラーキー〟から成っているためだ、とウイルバーは言うのです。

ウイルバーは〝ホラーキーから成り、自己進化していく宇宙〟というこの魅力的な思想を大著『進化の構造1・2』（松永太郎訳）やその要約版『万物の歴史』（大野純一訳、いずれも春秋社）において、物理学、システム科学、進化学、人類学、歴史学、西欧哲学、インドのヴェーダンタ思想、仏教思想、現代科学の成果、社会学、発達心理学など、ありとあらゆる知を総動員し、壮大なスケールで展開しています。

そこで展開される宇宙の進化史は、図2に示されるように、「個の内面」（左上）、「個の外面」（右上）、「集団の内面」（左下）、「集団の外面」（右下）という四つの象限に姿を現すと考えられています。ウイルバーによれば、この四つの象限はそれぞれ相対的な独立性を持っており、お互いに還元することはできません。たとえば、心の現象のすべてを脳で説明するのはやはり無理があり、といって逆に、脳の働きを無視して心を説明するのも無理がある、といったように、それぞれの象限は別々の真実性の基準を持っていて、どちらかの言葉でどちらかを完全に説明することはできない、と言うのです。

この図2こそ、ウイルバーの描く、壮大な〝進化の物語〟の縮図。個人の心、社会と歴史、物質と生物の進化のすべてに共通する〝進化の構造の見取り図〟。ウイルバーによれば、この見取り図を道案内とし、さらに過去の偉大な先人たちの生きざまを手がかりにするならば、私たちがこれから人類としてどこに向かうべきか、そのことも予測できるはずだと言うのです。

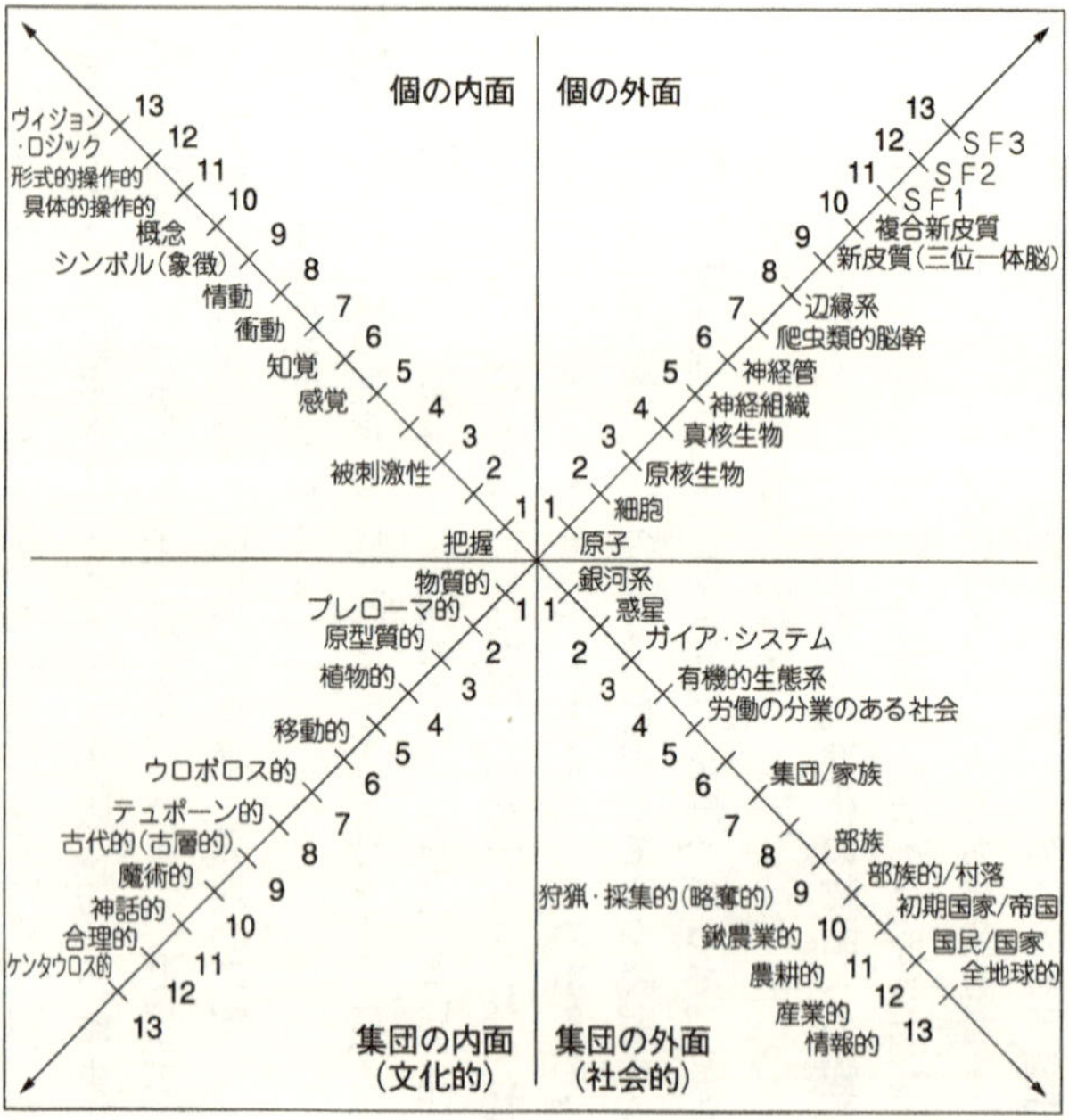

図2　ケン・ウイルバーによる〈コスモス〉の進化における4つの象限

このようにウイルバーの思想は、文字通り宇宙規模のスケール。しかし決してぶっとんだ奇抜な話ではなく、どちらかと言えば地味なほど、常識的な押さえの効いた理論です。

あらゆる〝物語〟の崩壊が指摘される現代。生きる意味とか物語、と言うだけで、どこか胡《う》散臭《さんくさ》いものとして揶揄《やゆ》されてしまう極端な相対主義的風潮がはびこっています。それは、ウイルバーの言葉を使えば、〝真善美〟〝進化〟〝成長〟といった垂直的な価値の一切が否定され抑圧された、単調で荒涼とした〝フラットランド（平板な世界）〟。何か正論を吐こうものなら、すぐに斜めに構えた批判や中傷が飛び交う、不健全な雰囲気に満ち満ちています。

そんな中にあり、今時めずらしく、生真面目でスケールの大きな〝生き死にの物語〟を描いてくれる人。私にとって、トランスパーソナル心理学最大の思想家ウイルバーは、そんな人です。

ヒント3

弱音を吐き、助けを求めるのも、一つの生きる"能力"である

カウンセリングの神様、カール・ロジャーズの生き方に学ぶ

辛くなったら〝弱音〟を吐こう。
小さな見栄やプライド、世間体にこだわっていないで、
まわりの人に助けを求めよう。
早めに〝弱音〟を吐き、〝人に助けを求めること〟は、
この困難な時代をタフに生きぬいていくのに必要な〝能力〟である。

死に急ぐ中高年の男性たち

中高年の自殺者が急増し、大きな話題となっています。

一九九八年の自殺者は約三万三〇〇〇人で、一日平均九〇人と過去最多。男性が全体の七割を占め、五十歳代が約八〇〇〇人と群を抜いて多く前年の約一・五倍。三十、四十代でも三割の増加。負債や事業不振などの「生活経済問題」や「勤務問題」を理由にするものが増えており、過労による自殺、ストレスからうつ病を引き起こした発作的自殺などケースはさまざまですが、この長引く不況、リストラによる雇用不安の問題がまさに中高年を直撃しているのです。

しかし、自殺者の急増の原因を、不況という経済的な要因にのみ帰して考えるのはバランスを欠いています。実際は、自殺された方の大半は、程度の違いはあれ何らかの精神疾患にかかっており、特に約五割の方はうつ病を患っていた、ということがわかっているのです。

つまり、不況やリストラといった経済的な要因は、もちろん、自殺の〝引き金〟としては大きな意味を持っていても、それは〝直接の原因〟ではなく、自殺に直結するのはむしろ、リストラという環境の変化によって引き起こされた〝急性の精神疾患〟であることが多いのです。

そして、周知のように、たとえば数十億円も借金を抱えていて、傍から見ていると〝俺が同じ立場だったら自殺しちゃうよな〟と思ってしまうほどなのに、本人は嘘か本気か〝どうってことねえよ〟と笑っている人がいるのも、また事実。ここが人生の不思議なところですが、要するに、人間、リストラとか破産とかいった、厳しい状況に追い込まれた時はじめて、その人のほんとうの姿というか、生き方そのものが問われることになるのです。

まじめで責任感が強く、すべてを一人でしょいこんでしまいがち。そして〝AはA〟〝BはB〟という直線的な考え方をするタイプの人は、仕事がうまくいっている時には実力をいかんなく発揮できますが、逆に、いったんペースが狂い始め〝守り〟にまわると途端に脆《もろ》さを露呈し始めます。逆に、まじめさも責任感もそこそこだけれど、仕事を一人で抱え込まずに上手にみんなで分担できる人、〝AはたしかにAだけど、時と場合によってはBかもしれない〟といった複眼的思考のできる人は、予測できなかったハプニングが生じたり、いろいろなことがうまくいかず守勢に転じても、そこそこうまく事態をきりぬけることができるのです。

私たち日本人が今の困難な時代を生き残るには、大きな生き方の転換が求められます。つまり、硬くて脆い鋼《はがね》のような生き方から、ゴムのような柔軟な生き方への転換が。

ハプニングや事件をそれなりにうまく吸収し、新たなエネルギーに転換できる生き方。物事を〝AはA〟と一面からだけ見るのでなく、〝AでもあるしBでもある〟と多面的かつ複眼的に見る、しなやかなまなざしを持った生き方。そんな生き方への転換が求められているのです。

〝うつ〟をチェックしてみよう

ところで、まじめで責任感が強く、すべてを自分一人でしょいこんでしまいがち、そんなタイプの人が陥りがちな心の病にうつ病があります。

実は、自殺者の多くは何らかの程度、〝うつ〟の病にかかっている人が多いのです。

ある中年男性は、最後まで仕事をまっとうしようとしたけれど果たすことができず、遺書にこう書き残して死んだといいます。

「恨むなら、俺と会社を恨めよ」

忠誠を強要する企業とそれに律儀に応えようとする労働者。そんな関係の中で、会社を恨み、自分を責めながら、まじめな労働者が死に追いやられているのです。そして、そんなまじめな人間を襲う心の病がうつなのです。

また自殺までいかなくても、この病のために実に多くの人が、まさにうつうつとした毎日を送っています。ある調査によれば、程度の差はあれ一生の間にうつ病にかかる人は、五％とも一〇％とも言われています。実に一〇人から二〇人に一人くらいの人が苦しむ心の病なのです。

さらに、身体疾患を持つ患者の約二割が実はうつ病を併発しており、にもかかわらず大半の方はその事実に気づかず、治療を遅らせ病をこじらせている、という驚くべき事実があり、このきわめて重大な情報も、もっと広く知られるべきだと思います。まさかうつ病だとは思わず、ひたすら内科の受診をくり返し、その結果死を選択してしまう人も少なくないのですから。

うつ病と聞くと、一生治らない精神病だと思われる方もいるでしょう。

実は、それも間違い。うつ病は、精神病ではなく〝気分障害〟の一つ。早めに発見し早めに治療すれば、その大半が治る病気です。①休息、②薬物治療、③カウンセリングといった治療をちゃんと受けると、軽症であれば、まず治る心の病なのです。

つまり、軽いうつは〝心の風邪〟のようなもの。誰でも油断するとすぐかかるし、たいていは治るものの、なめて放っておくと一生を台無しにしかねない。そんな病なのです。

そこで、御自身のために、そして御家族のためにも、ここで自分のうつをチェックしていただきたいと思います。

まず、朝の気分はいかがでしょう。笠原嘉さんはうつ病を〝朝刊シンドローム〟と呼んでいます。朝の気分の重たさ、おっくうさは、うつ病の特徴の一つで、以前は楽しみにしていた新聞を読むのもおっくうになってしまうからです。そして夕方になると、徐々に気分も明るくなり、活動的になるのです。ほかに、次のようなことはないか、自己点検してください。

○いつもより早く目が覚める。特に深夜、なぜか目が覚めてしまう。
○人と会うのがいやだ。
○決断がなかなかできない。ものを決められない。
○自分に自信がない。
○この世から消えてしまいたい、と思う。
○性欲が落ちた。
○食欲が落ちて、胃がむかむかすることがある。

私は医師ではありませんから、～個以上あてはまる人は、などと診断めいたことは言いません。しかし、かなり思い当たる、という方は、できるだけ早く医師に診てもらって、仕事をきちんと休まれたほうがいいと思います。

①思い切って仕事を一定期間休む、②薬をきちんと飲む、③もっと楽で柔軟な考え方ができるようにする、の三つが、うつからの立ち直りのポイント。自分自身のためにも、家族のためにも、無理は禁物。できるだけ早めに、治療を受けましょう。

身近な人に弱音を吐こう――助けを求めることは大切な〝能力〟の一つ

うつになりやすい人には、もともと、〝まじめ〟〝几帳面〟〝完全主義〟〝自分を責める〟〝他人に気を使う〟などの性格の持ち主が多いと言われています。こんなタイプの人は、ほかの人に弱音を吐いたり、人に助けを求めることも苦手です。

このような人のことをカウンセリング心理学では、〝被援助指向性〟が低い人と言い、それをどうやったら高めることができるかが、大きな課題となっています。実際、これだけ中高年の自殺が増えているにもかかわらず、〝いのちの電話〟への相談で四十代、五十代からの自殺をほのめかす電話は若干の増加にとどまっており、男性全体の一割程度にすぎません。日本の男性、特に四十代、五十代が〝弱音を吐くのが苦手〟であることを端的に示す事実です。

〝被援助指向性〟が低い人とはつまり、人に助けを求める必要があるのに助けを求められない人のことです。このような人のモチベーション（動機づけ）をどうやって高めて、カウンセリング・ルームに来てもらうか、ということが心理学の大きな課題になっているのです。

こう考えると、「〝被援助指向性〟の高さ＝必要に応じて、人に助けを求められること」は、これからの時代を〝生きる能力〟の一つである、と言えると思います。

必要あらば医師の診察を受けたり、カウンセリングを受けに行く。必要あらば一定期間仕事を休む。仕事でショックなことがあったりストレスがたまった時は、自分一人で抱え込んで悶々とせず、身近な人に〝弱音〟や〝愚痴〟を聴いてもらう——こういったことをして人に助けを求めることは、この厳しい時代を何とか生き抜いていくのに必要な〝能力〟、時代の厳しい波の中で生きていくために必要な〝スキル（技能）〟の一つと言えるでしょう。

中でも私がオススメしたい方法は〝弱音を吐く〟これに限ります。

もちろん、家族や職場以外の人に弱音を吐くのも大きな意味があります。学生時代の友人や、同じ趣味を持つ人の集まりなど、利害のかかわらない仲間で会うと、とても妻（夫）や同僚には言えないことを言えて、ホッとするものです。カウンセラーに悩みを語れるのも、ふだん顔を会わせない人だからこそ、気兼ねなく気持ちを語れる、というところがあると思います。顔を会わせない電話相談やインターネット相談ですと、こうした要素がさらに強くなります。顔と顔を会わせるカウンセリングではなかなか聴けない赤裸々な悩みが語られることも多いようです。自分が誰であるか知られずにすむ〝匿名性の気楽さ〟も影響しているでしょう。

しかし、家族や同僚に〝弱音を吐く〟ことも、また別の大きな意味を持っています。

多くの人にとって最も身近な人というと、まず思い浮かぶのは妻（夫）でしょう。しかしその妻（夫）との関係こそ最大の悩みのタネだ、弱音なんて話せるわけがない、という方も少なくないようです。相手も疲れているのがわかるから、とてもじゃないけど愚痴なんかこぼせない。それをしたらおしまいだと思って、グッと我慢している。そんな方もいると思います。

しかし私の見るところ、〝妻（夫）に弱音を吐けるかどうか〟が、夫婦関係をチェックする最大のポイント。お互いに弱音を吐いている間は、夫婦関係はまぁうまくいっていると考えていいでしょう。逆にそれができていないと、夫婦関係そのものを見直す赤信号と考えてください。

日本人には、仕事のことはシビアに考えるけど、家族のことは〝まぁ何とかなる〟と甘くみている方がいまだに少なくありません。しかし、なめてはいけません。夫婦関係を甘くみると、後で必ずツケが回ってきます。

カウンセリングをしていて私がしみじみ思うのは、日本の夫婦は今、相当な危機にある、ということ。心のつながりもあり、子どもや親を夫婦で力を合わせて支えているという実感があり、経済的にも安定していて、性的にも満ち足りている。そんな夫婦は、おそらく二割くらいしかいないのではないでしょうか。それが私の実感です。

ある調査で、〝もし来世に生まれ変わったら、もう一度今の妻（夫）といっしょになりたいか〟との質問に、イエスと答えた夫、約一六％に対して、妻のほうは約六七％、という皮肉な結果を見たことがあります。何をか言わんや、ですね。

実際、カウンセリングの中でみずからの夫婦関係に潜む問題に気づき始めた妻が、熟年離婚を考えたり、カウンセリングのスキルを駆使して何とか夫とのふれあいを求めようとしてもまったく応じず、それればかりか結局、怒鳴る、暴力を振るう、自室に逃げ込む、などの逃避行動しかできない日本の夫の何と多いことか。一言で言えば、日本の男性は、相手ときちんと向き合って話をするコミュニケーション能力がきわめて低いと言わざるをえません。女性の目も厳しくなりつつある昨今、日本の男性も本気でコミュニケーション能力の開発に努めなければ、気づいてみれば捨てられていた、というハメになる方が続出するはずです。

弱音を聴き合う夫婦関係をつくる

問題は夫婦関係ばかりではありません。夫婦の間に〝弱音を吐けない〟雰囲気があると、それは必ず子どもにも影響を与えます。家庭の中を漂う微妙な緊張感を子どもは必ず感じ取ります。そして子どももまた、〝弱音を吐けない〟子どもになってしまうのです。このような、絶えずどこかに緊張感がある家族、子どもが子どもらしくのびのびと過ごすことのできない家族のことを〝機能不全家族〟と言いますが、そんな中で育った子どもは、両親の気持ちにとても敏感で、家庭の安定のために気を使う子どもになるのです。

こんな子は、親から見ると、とてもやさしい〝よい子〟に見えますが、内心はかなり不安定で、自分を抑えこんだまま毎日を送っています。そして思春期のある日、親から見れば突然としか思えない仕方で、パタリと学校に行かなくなったり、家の中で暴力を振るい始めたりします。非行に走ったり、自分の手首を切ったりする子もいます。

そんな子は、しばしばカウンセリングの中で、こう語ります。「先生、俺（私）は、自分のことを粗末に扱うと、なぜか、気持ちが落ちつくんだ……」。

一方、親御さんはこう言います。「先生、この子はつい最近まで、ほんとうに〝よい子〟だったんです。なのに、なぜ突然、こうなってしまったんでしょう……」。

やはりこれは、悲しい光景ですね。

ではどうすべきかと言うと、まず基本は、何と言っても夫婦関係。具体的には、ふだんから〝弱音を聴き合う関係〟をつくっておくことです。一日五分でもかまいません。相手の愚痴や辛い話をだまって聴いてあげるのです。「そうか、そんなことがあったんだ」「最近、〜っていう感じでいたんだ」と、相手の話に相槌をうったり、相手が気持ちを込めて言った言葉をくり返してあげたりしながら、話を聴き合うのです（これは、〝くり返し〟とか〝反射〟などと呼ばれるカウンセリングの基本的な技術です）。

できれば、お子さんの前で夫婦で弱音を聴き合うのが一番いいでしょう。そうすると、お子さんにも〝辛い時は、助けを求めていいんだよ。家族っていうのは、いつも支え合うためにあるんだよ〟というメッセージが実地に伝わるからです。

この時、注意すべきことは、次の二点。

①どちらかが、一方的に愚痴をこぼす関係にならないようにすること。お互いに弱音を聴き合う関係にすること。一方的な関係になってしまうと、やはり愚痴を聴かされてばかりのほうは嫌になってしまいます。相手が無口であれば、〝最近、何か、困ってることとかない?〟と、こちらから質問してあげてもいいでしょう。

②相手が求めてこない限り、アドヴァイスはしないこと。特に夫婦で似た職種についている場合、〝どちらが優れているか〟競い合う関係になりがちです。いったんこうなってしまうと、〝もう二度と、あの人には話さない〟と思ってしまいます。要注意ですね。

ロジャーズのカウンセリングはなぜ生まれたか

カール・ロジャーズという人をご存じですか?　一般の方には、あまり知られていないのが残念ですが、私の専攻であるカウンセリングの世界では、誰でもが知っている名前です。

経済学ならマルクス。精神分析ならフロイト。それと同じように、カウンセリングと言えばロジャーズと言われるくらいの大物で、現代カウンセリングの礎《いしずえ》を築いた人物。それまで心理テストの結果をもとに、こうすればいいですよ、とアドヴァイスをするのが中心だったカウンセリングを、自己探究の心の旅を援助するカウンセリングへと、一八〇度ひっくり返してしまうという大胆な改革をリードした人物。その風貌も何となく俗世を超越した感じがあり、〝カウンセリングの神様〟扱いされてきました。

しかし、その人生は実に紆余《うよ》曲折に富んだ波瀾《はらん》の連続。

ケタ外れに厳格な両親のもと、劇場やダンスにデートで出かけることはおろかカード遊びさえ許されず、感情を表に出すことをよしとされない〝抑圧家族〟で育ったロジャーズ。彼の幼少期は、いわゆる〝アダルトチルドレン〟よろしく過干渉気味の親の言うなりで、自分を持っていない少年。また、持続的な人間関係が苦手で、友人もほとんどおらず、ひたすら農場の手伝いをしている。そんなタイプで、心と心のふれあいを旨とするカウンセリングとはおよそ縁遠い存在であったと言えます。実際ロジャーズはその後、〝楽しむことが下手〟〝自分の感情、特に怒りを表現することができない〟〝ほかの人との親密な関係をつくるのが不得手〟といった、さまざまな硬さやとらわれを抱えて生きていかざるをえませんでした。

ロジャーズの生涯は、そんな頑《かたく》なで不自由な生き方しかできなかった彼が、両親との宗教上の絆を断ち切ることに始まり、猛反対を振り切っての学生結婚と経済的自立、牧師志望から心理学者への転身、精神医学との対決の中での臨床心理学の自立性の獲得、クライエント中心療法という新たなアプローチの展開、といったさまざまなプロセスを経て、いきいきと自由に〝自分〟を生きていけるようになる自己実現のプロセスそのもの。それは、子ども時代に両親から受けた影響のために、自分らしく生きる上での困難を抱えてしまった彼が、長い苦闘の末にそのとらわれを脱して、まさに血みどろで〝自分〟らしさを取り戻していくライフ・ヒストリーの典型と言えるもの。両親が敷いたレールの上を生きていくだけの〝借り物の自分〟しか持っていなかったロジャーズ少年が、〝これが自分だ！〟と実感できる自分へと脱皮していくプロセス。ロジャーズはこのような、〝自分〟を求めていく彼自身の闘いのプロセスの中で、同じような問題に苦しむ他の人を支えるカウンセリングという新たな分野を〝開拓〟していったのです。したがって実は、彼の編み出したクライエント中心療法、さらにはカウンセリングという行為そのものの本質も、こうしたロジャーズの生涯と不可分なところがあります。

だから私は、カウンセリングを勉強している方に〝ロジャーズの生涯を知りなさい。彼がなぜ、どのような必然性からあのようなアプローチを生み出したのかを理解しなさい。それがカウンセリングという行為そのものの本質を理解する上で必ず役に立つから〟と言っています。この本は、カウンセリングを勉強する人向けのものではないので、この話はここまでにしますが、カウンセリングを学ばれている方は、ロジャーズの人生を知ることで、いくつもの大切なヒントが得られるはずです。カウンセリングとは無関係な方でも、ロジャーズという人に関心を抱いてくださった方は、是非、拙著『カール・ロジャーズ入門　自分が〝自分〟になるということ』（コスモスライブラリー　発売／星雲社）をお読みください。

ロジャーズの中年期危機体験に学ぶ

ここで紹介したいのは、ロジャーズが〝中年期の危機〟に見舞われた時の話です。当時のロジャーズは、シカゴ大学のカウンセリング・センター所長。四十代半ばでアメリカ心理学会会長となり、まさに全盛期を迎えたロジャーズは、四十代後半の折、ある分裂病の女性クライエントとの心理療法をきっかけに〝中年期の危機〟に見舞われます。

その女性クライエントとの面接の直前、ロジャーズは突如として、妻と共に〝逃走旅行〟に出発。そのまま数カ月間を過ごします。一言もロジャーズを責めず、絶えず受容的な態度で接した妻のケアが功を奏し、ロジャーズは何とか大学に戻りますが、まだ万全ではありません。幼少期に深く埋め込まれた否定的な自己像からほんとうには解放されていなかったのか、〝自分は人間としても値打ちがないし、心理学者として、心理療法家として、もうやっていけないのではないか〟〝私のしたことを好きな人はいても、私自身を好きになってくれた人は誰もいなかった〟という思いに苛《さいな》まれて、カウンセラー廃業寸前まで追い込まれたのです。

この危機をロジャーズは、何と、当時彼の部下であったオリバー・ボウンという人のカウンセリングを受けることで、乗り切ります。ロジャーズが職員に民主的にかかわっていたこともあり、部下であったボウンのほうから、よければ面接をしましょうか、という申し出があり、ロジャーズがそれに応じたのです。そして、このボウンとのカウンセリング体験を通して、ロジャーズは徐々に復調に向かいます。この危機の体験によってロジャーズははじめて、否定的な自己像へのとらわれから解放され、ほんとうの意味で自己を受容し、人を愛したり、人から愛されたりすることができるようになっていくのです。また、それに伴い、相手の体験の中に入り込み、自分を消し去るようであった彼のカウンセリングのスタイルそのものにも変化が現れ始めました。もっと積極的に、自分の感情を打ち出していくようになったのです。

ロジャーズのこの中年期危機の体験から、私たちは何を学べるでしょうか。

もしロジャーズが、部下にカウンセリングを受けるなんてもってのほかだ、と考えるような、ちっちゃなプライドにこだわる人であったとしたら？　そしてもし、部下のボウンからの申し出に応じなかったとしたら？　ロジャーズは廃業に追い込まれ、カウンセリングという分野そのものも、今のような発展を見せなかったかもしれないのです。

弱音を吐くこと。自分のあるがままを人にさらすこと。必要あらば人に助けを求めること。こうしたことが、人生の危機を乗り切り、〝自分〟らしい人生を生きていけるようになる上で大切だということを、ロジャーズは教えてくれているように思います。

ヒント4

弱い私。ぐずな私。どんな〝私〟も大切な私

――フォーカシング流〝うちなる自分とのつきあい方〟

あれも自分。これも自分。

私の内にはたくさんの〝うちなる自分〟が住んでいる。

そして、いろいろなことを、

私に聴いてもらいたがっている。

できる範囲でかまわないから、

〝うちなる自分〟の声に耳を傾けてあげよう。

ほんとうの〝肯定的な生き方〟とは

暗いニュースが多いせいでしょうか。一時期、翳《かげ》りを見せ始めた〝癒しブーム〟が再燃しているようです。私が住む団地の隣は郊外型の書店ですが、決して大きくはないその書店の一角にも〝こころを癒す本〟というコーナーがあり、これでもかと言わんばかりに、さまざまな〝癒しの言葉〟を記した表紙が立ち並んで、私たちを誘っています。

中でも目を引くのが、〝自分を好きになる本〟といった系統のタイトル。

これは、今の若者たちが、いかに自分を好きになれずに苦しんでいるか、〝どうせ私（俺）は〟と低い自己評価を抱え込み、自分を肯定できずにいるかを反映しています。低い自己イメージを抱え込んでおり、そのため、自傷行為（リストカット）や万引き、売春などの〝自分を粗末に扱う〟行為をくり返す若者が少なくありません。

つい手首を切りたくなってしまうという、ある女子高校生が語ってくれた次の言葉が忘れられません。「私は、自分を粗末に扱っていると、気持ちが落ちついてくるんです」。自分のことを価値ある存在、値打ちのある大切な存在だと思いたいけれど、思えない。だから私は、自分のことを粗末に扱うと、落ちつくんです。こんな悲しい心の叫びが聞こえてきそうです。

たしかに私たちは、自分のことを〝価値ある存在〟だ、自分は〝値打ちのある、大切な存在〟だと思えなくては、前向きに生きていくことはできません。

だから、こんな厳しい時代をそれでも前向きに生きていくためには、〝ほかの誰が何と言おうと、私(俺)だけは、自分のことを認めてやろう〟〝自分を価値ある存在、値打ちのある存在として大切にしてやろう〟と、自分で自分に言い聞かせる必要があります。

「私は、どうでもいい人間ではありません。大切な価値のある立派な人間です」

「私は、必ず夢(目標)を実現できます。私はできるのです!」

「私は、自分のことが大好きです。私は素晴らしい!」

そんなふうに、自分に言い聞かせる必要があるのです。

アメリカでは、こうした自己肯定法が大流行《おおはや》り。例を一つあげましょう。

バニー・シーゲルという、アメリカの有名なヒーラーがいます。真の愛に目覚めることが、ガンなどの重い病の奇跡的な治癒を導く、という信念に基づいて活動をされている方です。私もアメリカで一度講演を聞きましたが、なかなか存在感のある方でした。

ある本の中でシーゲルは、その治療の中で患者に勧めている〝自己イメージ法〟というのを紹介しています。それはたとえば、毎日二回、二十分ずつ裸になって鏡の前に座り「きれいな目をしている。笑顔が素敵だ。君を愛している」などと口に出して言う、という方法です。

いかにもアメリカ、というか、あまりにストレートな自己肯定法で、〝私にはとてもできない〟と腰が引けてしまう方も多いでしょう。日本でこのような課題を出しても、そのまま実行できる方は、あまりいないのではないでしょうか。

このシーゲルの方法など、まだ上品なほうで、中には「私は素晴らしい」「私は必ず目標を実現できる」とひたすら呪文のように唱え続ける方法もあります。私など〝どうしてそこまでしなくてはいけないのか〟と、何だか哀れな気持ちになってきます。

それだけではありません。たとえある人が、このようにして素晴らしい自己イメージをつくりあげることに成功したとしても、そうやってつくられた〝輝く私〟のイメージはきわめて脆いもの。何かショックなことがあると、すぐに崩れてしまうのです。

なぜでしょう。このような、とても単純で素朴な〝ポジティヴ・シンキング（肯定的思考）〟によってつくられた〝私〟は、とても一面的なものだからです。

〝私のダメなところに目がいくと、落ち込んでしまうから、できるだけそこは見ないようにしよう。私のよいところ、素晴らしいところだけ、見るようにしよう〟

多くの人はそんなふうに考えがちで、実際人間には、ダメなところ、自分の欠点ばかりに目がいくと、ますます落ち込んでいってしまうところがあります。

しかし、自分のよいところばかり見るようにするのも、やはり不自然なことなので、たとえ一時的にそれで元気が出たとしても、後でうつ状態になったり、かえって自己否定的になったりしてしまいやすいのです。そんなわけで、あまりストレートな自己肯定法、ポジティヴ・シンキングは、私としては、勧めたくはありません。

自分の中のどんな感情も受け入れる

では、どうすればいいかというと、自分の中のどんな部分も――美しい部分も、醜い部分も、善も悪も、そして時には、たとえば〝いっそのこと、仕事も家族もすべて放り出してしまいたい〟といった、決して許されない衝動でさえも――どんな自分も自分の大切な部分としてしっかりと認め、受け入れることです。

私たちカウンセラーは、相談に来られた方の悩みに耳を傾けながら、そのお手伝いをします。つまり相手の方が、自分の中の醜い部分やダメな部分、悪の部分、どんな部分も自分の大切な一部として認め、受け入れていくお手伝いをするのです。

ある青年は私に、こう言いました。「俺は、電車に乗っていると、乗客を皆殺しにしてしまいたくなる。ここまで苦しめられてきた俺だから、のほほ〜んと暮らしている奴らを見ていると、皆殺しにしても許されるんじゃないかと思うんだ」。

こんな時、ふつうの人なら「皆殺しなんて、そんなこと、絶対だめだ」と説教をしたくなるでしょう。けれど、それがいけないことくらい、本人もわかっているのです。

私たちカウンセラーは、こんな時、否定も肯定もしません。「そうか。この世の人間たちは、そこまで君のことを苦しめ、追い詰めてきた。だから、全員皆殺しにしても許される。そんな気持ちなんだ」と応えることで、〝そうした気持ちの存在〟を〝認めて〟あげるのです。

すると多くの場合、そんな気持ちは、前よりも小さな穏やかなものになり〝収まって〟いきます。こみあげてきた気持ちをしっかり認め、尊重することで、その気持ちは〝自分の一部〟として収まってくるのです。この青年の場合もそうでした。

また、息子の家庭内暴力で悩むある母親は、こう言いました。「こんなこと言っちゃいけないことはわかってますけど、もうほとほと疲れました。あの子の母親、やめたいです」。

こんな時ふつうの人は、こう言うかもしれません。「何を言ってるんですか。あなたのお子さんじゃないですか。お子さんの暴力も苦しみの訴え。いっしょに受け止めてあげましょう」。

しかし、この一言がこの母親をさらに追い詰めるのです。

私たちカウンセラーは、この母親の〝気持ち〟をしっかり認め、受け止めようとします。

「ほんとうに辛い。辛くって、辛くって、毎日悪戦苦闘するのに、もう疲れきってしまった。だからもう〝母親やめたい〟って思ってしまうんですね」といったふうにです。

こんなふうに言われることで実際に人殺しをしたり、母親をやめたりする人は、まずいません。むしろ、人間の感情というのは、否定されたり、押さえつけられたりするとどんどん大きくなっていくもの。その逆に、人から認められ、受け止められると、穏やかで静かな感情に変わっていくのです。自分でも抑えきれないくらい激しい感情がこみあげてきていたのが、ほかの人からしっかり認められ、受け止められることで〝自分の一部〟として〝収まって〟きて、自分でコントロール可能なくらいの大きさになっていくのです。

カウンセリングにはそのような意味があり、カール・ロジャーズが〝無条件の受容〟の重要性を説くのも、こうした理由によります。つまり、相手のどんな感情も、その人の大切な一部としてしっかり認め、受け止めることで、その人自身もその感情を〝自分のもの〟として認めることができるようになる。つまりその感情は、自分の全部ではなく〝自分の一部〟であることがわかるようになる。それによって、その感情はその人の内部で〝収まってくる〟のです。

内なる〝よくない感情〟を認めてあげる

このような、ロジャーズのカウンセリングの効能を、自分一人でもできるようにしたセルフヘルプ（自己援助）の方法があります。ロジャーズの教え子にして、共同研究者でもあったユージン・ジェンドリンが開発した〝フォーカシング〟という方法です。

カウンセリングの中で起こる〝どんな感情も、自分のものとして認める〟〝どんな感情も、自分の大切な一部として認め、特定化する〟ということを技法化したのです。

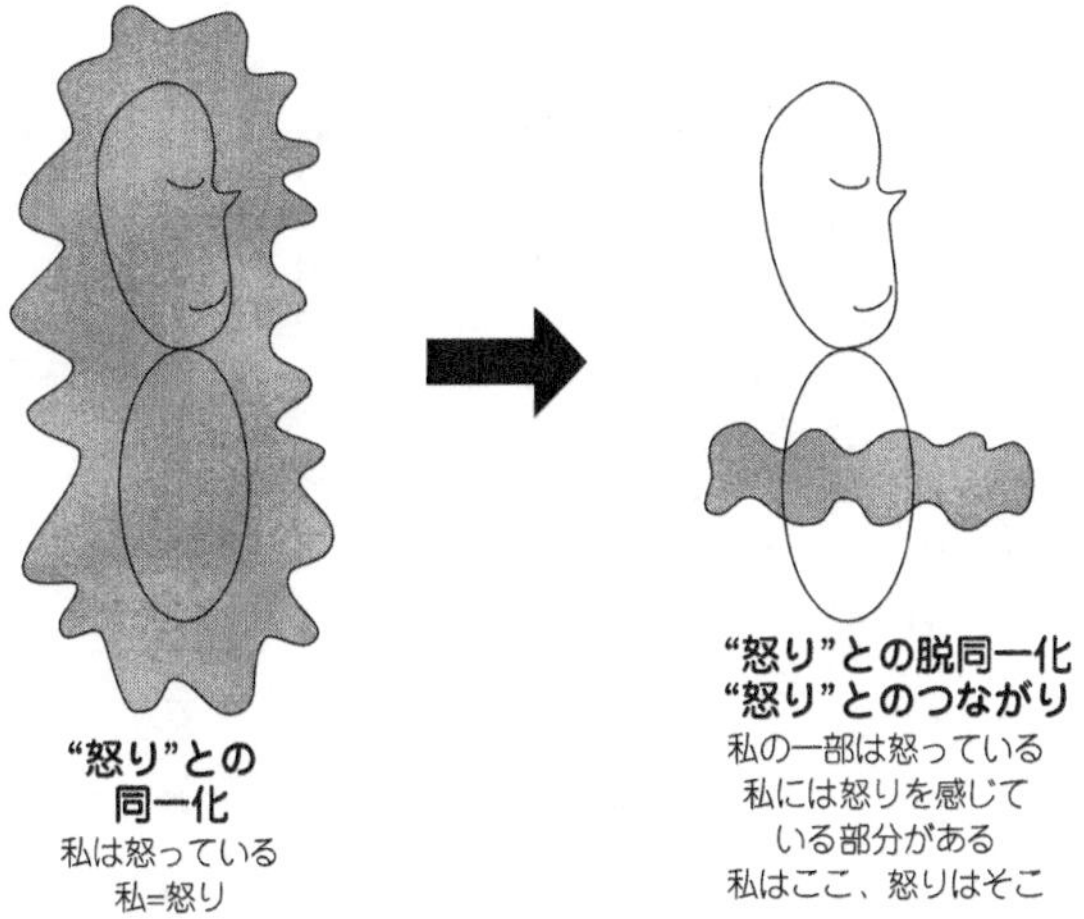

図3　フォーカシングにおける“うちなる自分”とのかかわり方

図3の左側を見てください。ある人が、会社の同僚から失礼なことを言われて、腹を立てているとしましょう。図3の左側がこの状態で、彼女はまるで、〝怒り＝私〟の状態。どうしても許せないと息巻いています。

ある時、愚痴をこぼした相手から「そんなの、あなたがもっとしっかりすればすむことじゃない」と説教めいたことを言われて、ますます〝怒り〟が収まらなくなってきました。「どうしてわかってくれないのよ。絶対にあの人が悪いに決まってるじゃない」というわけです。

こんな時、まわりに誰か、自分の愚痴を聴いてくれる人がいれば、それにこしたことはありません。しかし往々にして、こんな時ほど、そんな人がまわりにいないものです。

そんな時、たとえ誰も自分のことをわかってくれなくても、自分だけは、自分の感情に耳を傾けてあげよう。そしてその気持ちの〝言い分〟に耳を傾けてあげよう。

これが、フォーカシング流の〝うちなる自分とのつきあい方〟です。

たとえば、こんなふうに自分の内側に言葉をかけるのです。

「私の中の〝怒り〟さん。私は、あなたがそこにいるのを知っていますよ。あなたがそこに存在するのを知っているし、認めていますよ。そして、あなたの側《そば》にいますよ」

まずこんなふうに怒りの存在を〝認める〟のです。これだけでも大きな変化が生じます。〝怒り〟を〝自分の大切な一部〟として認めることで〝特定化され〟〝収まっていく〟のです。これが、図3の右側の状態。図3の左側が〝私=怒り〟の状態、大きな〝怒り〟に覆い包まれ振り回されている状態だとすると、こちらは、〝怒り〟がその存在を〝認められる〟ことで、自分の一部として〝収まっている〟状態と言えるでしょう。

このように、私たちが何か強烈で大きな感情に襲われて振り回されそうな時、一番大切なことは、その感情を〝自分の一部〟としてきちんと〝認め〟、大切にすることです。

私たちが何かよくない感情に襲われた時、なすべきことは、その感情を説得したり、打ち負かしたりすることではありません。〝こんな怒りに振り回されるなんてよくない。大人として最低だ。冷静に振る舞わなくては〟と考えて、「私は怒っていない」と自分で自分に言い聞かせる。これは〝自分の感情と闘う態度〟〝説得〟したり〝言い負かし〟たりする態度です。

しかし、こんなことをすると、私たちの感情はかえって大きくなっていくものです。その感情のほうから、〝どうして私の言い分を聴いてくれないの！〟と叫び声をあげてくるのです。

それに対して、図3の右側のような〝認める態度〟、つまり、自分の〝怒り〟に対して、「私の中の〝怒り〟さん。私は、あなたがそこにいるのを知っていますよ。あなたがそこに存在するのを認めていますよ。そして、あなたの側にいますよ」とやさしく声をかけるような態度をとると、たいていの感情はより小さくなり、自分の中に収まるくらいのサイズになっていきます。認められた感情は、その人の一部として〝特定化〟されるからです。

私自身も、時折ですが、突然、強い感情に襲われることがあります。気分がすごく重たくなったり、強い〝さみしさ〟の感覚に襲われることがあるのです。休みの日ならいいのですが、講義や講演、カウンセリングなどの予定があるとたいへん。逃げ出したくなってきます。

そんな時私は、フォーカシングのことを思い出します。そして、自分の内側に向かって、「私の中の〝うつ〟さん。私は、あなたがそこにいるのを知っていますよ。あなたのこと、ちゃんと認めていますよ」とやさしく声をかけてみます。すると、自分の中の〝うつ〟と自分との間に〝間《ま》〟がとれて、〝うつ〟は自分の内側で保持できるくらいに小さくなります。しばらくの間〝収まって〟いてくれることが多いのです。ほんの二十〜三十秒ほどの作業ですが、この方法のおかげで、それなりに落ち込みやすい性格の私も、まだそれを理由に講義や講演、カウンセリングなどをキャンセルせざるをえなくなったことはありません。

自分の内部の困った感情に、やさしく声をかけ、それをそのまま〝認める〟というごくシンプルな方法。みなさんも、是非、試してみてください。

困った感情が〝人生の知恵〟に変わる時

自分の中の困った感情をそのまま認めてあげると、じわーっと収まっていく——そんなフォーカシング流の〝うちなる自分とのつきあい方〟を紹介しました。

フォーカシングの効用は、それにとどまりません。そんなふうにやさしく、ていねいにつきあっていくと、私たちの中の〝困った感情〟は〝人生の大切な知恵〟に変化していき、これまで気づかなかった大切なことを教えてくれることが多いのです。

たとえばある男性が、妻の体調の悪さを気にしているとしましょう。「最近食欲もないし、顔色も悪い。病院に行けば」と声をかけます。この男性はやさしい夫として定評のある人で、自分でも自分のことを〝やさしい夫〟で、だから妻の体調を心配しているんだと思っています。

けれどなぜか、自分がやさしい言葉をかけても妻は自分を避けている。そしてそのことに不愉快な気持ちを抱いています。「俺がこんなに心配してやってるのに。頑固な奴だ」というわけです。

この夫がしかし、フォーカシング流に、自分の中の〝心配する気持ち〟をそのまま認めたとしましょう。そして、こんなふうに、その〝心配する気持ち〟に問いかけたとしましょう。

「〝心配〟さん、あなたはいったい何で、そんなふうに気を揉《も》んでいるんですか?」

自分の中の〝心配する気持ち〟の〝言い分〟に耳を傾けていくのです。

しばらくその〝心配する気持ち〟を感じていると、からだから〝熱い感じ〟が生まれてくるかもしれません。あるいは、何か〝真っ赤な炎〟のようなイメージが浮かんでくるかもしれません。そしてそのからだの感じやイメージとつきあっていると、突然、「そうか。俺は、怒ってるんだ。自分では、ずっと〝心配してる〟と思っていたけれど、そうじゃなかった。〝心配してる〟んじゃなくて、〝怒ってる〟。いくら病院に行けと言っても病院に行かない妻の頑固さに腹が立ってるんだ。〝お腹《なか》の熱い感じ〟や〝炎のイメージ〟はその〝怒り〟の現れだったんだ」ということに気づくかもしれません。

このように、自分の感情をそのまま認め、ていねいに触れていくと、そこから〝自分のほんとうの気持ち〟が明らかになっていくことが多いのです。

もちろん、より肯定的な感情に気づく場合もあります。

ある会社の営業部長が部下に腹を立てています。その部下の顔を見ると無性に怒りたくなるのです。けれどある時、その部長が自分の内側を見つめながら、部下に対する怒りの感情をそのまま認め、やさしく問いかけたとしましょう。

「私の中の〝怒り〟さん。あなたは何だって、そんなに怒ってるの？」

すると意外なことに、その部下が華々しく活躍している姿がイメージとして浮かんできました。そこでこの部長は「そうか。俺は彼のことをすごく信頼しているし、期待もしてるんだ。だからこそ、怒ってしまうんだ」ということに気づいたのです。そしてそれからは、その部下を叱咤《しった》する前に「僕は君のこと、期待してるよ」と声をかけるようになりました。すると、その部下の成績も見違えるほどよくなったというのです。

こんなふうに、私たちの〝困った感情〟は、その存在をそのまま認め、ていねいにつきあっていくと、私たちが気づく必要のある大切なことを何か教えてくれる場合が多いのです。

今見たようにフォーカシングといっても、何か特別なことをするわけではありません。自分の感情を自分の〝一部〟としてしっかりと〝認める〟。そしてその感情の〝言い分〟に耳を傾ける。ただそれだけの、実にシンプルな〝自分自身とのつきあい方〟のこと。

しかしそれだけで、ずいぶん楽になれたり、今の自分を受け入れられたり、今の自分にとって必要な心のメッセージを受け取ったりすることができるのです。

ジェンドリンの語る〝感情の法則〟

フォーカシングの創始者ジェンドリンによれば、人間の感情には次のような法則があります。

私たちはふつう、よくない感情は押さえ付けなくてはならないとか、説得してコントロールしなくてはならない、と考えています。たとえば、臆病になりすぎている時には、〝怖がることなんてないさ〟と自分に言い聞かせる。まわりの人を傷つけてしまいたい、という衝動に襲われた時には、〝こんなひどいこと、考えないようにしなくては〟と自分を叱る。そんなやり方に、私たちは慣れてしまっているのです。

しかし実は、これはとんでもない間違いだとジェンドリンは言います。

ジェンドリンによれば人間の感情には、たいていの人が気づいていないけれど、とてもシンプルで大切な、次のような法則があります。人間の感情は、それを人が認めたり感じたりしない時には変化せずそのままの状態にとどまるけれど、逆にその感情を自分の感情として認めたりじっくり感じたりした時は、その感情はひとりでに変化し始める、という法則です。

多くの人は、よくない感情、抱いてはいけない感情を抱いた時、それを否定しなくてはならない、抑えこまなくてはならない、と考えます。しかし、まさにそのことによって、その感情はそのまま変化せず、何年も何年もその人の内側に存在し続けることになるのです。

けれど逆に、その感情にスペースを与えて、それがあることを認め、ほんの少しの間でも、自分のからだの内側でそれを感じてみるだけで、そこに変化が起きてきます。

あなたが自分の内側に、何かよくない感情、気分の悪いものがあることに気づいたら、それをそのまま認めること。自分の内側に置いて、ゆっくりと呼吸をすること。そしてできれば、それの〝言い分〟に耳を傾けること。そうすれば、その感情はひとりでにより望ましいものへと変化し始める。これが、フォーカシングの基礎にあるジェンドリンの考えです。

心には一生成長しない側面もある

自分の中に何かよくない感情がある時、それをそのまま認めることが最善の策であり、そうするとその感情はおのずと変化し始める。フォーカシングのそんな考えを紹介しました。

しかし人間の心には、一生変化もしなければ成長もしない部分があります。このことを最もストレートに指摘しているのが、ユング心理学者のA・グッゲンビュール・クレイグです。

グッゲンビュールによれば、どんな人の心にも、〝障害元型〟なるものがあり、これは、癒されることも成長することもない、心の側面だと言うのです。

たしかに私たちには、〝どうしようもない心の働き〟というのがあります。

たとえば私であれば、いくつになってもプロレスファンをやめられず、リングサイドで雄叫《おたけ》びをあげてしまいます。いくつになっても、お祭りが大好きで、血が騒いでしまいます。いくつになっても、一定時間以上、形式ばった会合に耐えられません。こんな〝心の欠陥〟(いわゆる〝ビョーキ〟)があり、おそらくこれは、一生、治らないものと思われます。いくつになってもジャニーズの〝追っかけ〟をやめられない、という女性もいることでしょう。

要するに人間の心には、いくつになっても～できない、治ったり改善されたりしない〝どうしようもない欠陥〟があり、それをグッゲンビュールは〝障害元型〟と呼ぶのです。

グッゲンビュールはなぜ、こんなことを考えるようになったのでしょうか。

よく知られているようにユング心理学では、人間の心には、感情、思考、感覚、直観の四つの働きがある、と考えています。しかしグッゲンビュールのもとを訪れる患者の多くは、理由は不明ながら、この四つのうち、一つか二つを備えていない人でした。つまりそうした患者は、いわば心の〝障害〟を抱えていて、決して治癒しえない人たちだったのです。そして、たとえば感情面の機能が欠けている患者の場合、それを育てようとしても無駄であり、したがって心理療法家はそのような患者に対してその働きを克服させようとするのでなく、むしろ患者をその欠陥に直面させる。そして自分と同じ欠陥を持っていない誰かを支えにするなどして、〝欠陥を持ったまま生きていける〟ようにするのが最大の援助である。つまり、感情面の機能が欠けていることをその患者の〝個性〟〝持ち味〟として受け入れさせ、それをじゅうぶん生きていけるように援助するべきだ、というのです（長井真理訳『魂の荒野』創元社）。

しかし多くの心理療法家は〝健康〟や〝成長〟や〝完全性〟という幻想に、つまりどんな人でもよくなるのだから治療しなくてはならない、という幻想に取り憑《つ》かれています。そしてそのため、〝障害元型を個性として生きる〟という発想ができず、なかなかよくならない患者を前にして「まったく、この人はお手上げだ」などとつぶやいて患者を見下すことになりがちです。グッゲンビュールが指摘するこうした事態は、日本の臨床の現場でもありがちなことです。

元型心理学者のトマス・ムーアも、ベストセラー『魂のケア』の中で、私たち現代人が〝子どもっぽさ〟の価値を見落としていることに警告を発しています。たとえば「私は、どうも子どもっぽさが抜けきらなくて」という言い方に示されるように、現代では〝子どもっぽい〟ことは、克服すべき欠点とみなされています。そして〝大人になること〟に価値を置くあまり、子どもっぽさを自分の個性として引き受けて生きていくのを忘れてしまっているのです。

つまり〝成長しなくては〟〝健康でなくては〟という幻想が今の社会にははびこっていて、私たち現代人はこの幻想に縛られているため自分を肯定できず、悩まなくていい悩みを抱えている。こうした幻想から解き放たれて、一般には欠点とみなされている自分の〝子どもっぽさ〟や〝障害〟〝欠陥〟〝一生治らないビョーキ〟などをみずからの、かけがえのない個性として引き受けて生きることが大切だ、とムーアやグッゲンビュールは教えてくれているのです。

〝ダメ〟の逆襲が始まった

〝自分の欠陥やダメなところをダメと認めて、それを引き受けて生きる〟という心理学の考えを紹介しました。

こうした考えを、そのまま実践しているグループがあります。〝だめ連〟です。

世の中が生きづらいのは、そこに〝世間の目〟があるから。このややこしい世間の評価の網の目から抜け出してしまうことができれば、どれほどいいか。そんなことを考える人は、少なくないでしょう。

なのになかなかそれが実行できないのは、私たちを守ってくれるところもある〝世間〟への執着を捨てきれないからです。したがって、いったん本気で覚悟して、世間に評価されたいという欲を捨ててしまえれば、もう怖いものはありません。

〝ダメ人間〟を自称する人々が集ったグループ〝だめ連〟では、文字通りこのことを実践しています。

このグループには、どうも今の世の中ではうまく生きられない、自分は世の中の落伍者であると思っている人々が集まり、お互いの気持ちを語り合ったり、どうすれば定職につかずに生きていけるか、などといった情報を交換し合っている、というのです。

私も先日、彼らを紹介する深夜のテレビ番組を観たのですが、実に心地よさそう。

リーダーらしき人は、今、三十二歳。数年前、「生活のために働くというが、生活のためにだけ、したくもない仕事をすることに人生の大部分の時間を費やすのは、いやだ」「それでは、何のために生まれてきたのか、わからない」――そんなことを思って、それまで勤めていた会社をやめ、その後ずっと定職につかず、昼間の三時頃まで寝ていられるような気楽な生活を続けているのだといいます。

読者の中には、「それがどうした。みんながそんな怠け者になってしまったら、日本はつぶれてしまうぞ」と説教を垂れたくなる方もいるかもしれません。

けれど私には、この気持ちはわかります。読者の中にも、実は、否定しがたい共感やジェラシーをおぼえる方も少なくないのではないでしょうか。

私は、〝だめ連〟の生き方をそのまま肯定するわけでも、推奨するわけでもありません。

しかし、〝自分のダメをたしかにダメと認める。成長しなくては、とか、治療しなくては、頑張らなくては、などと考えて今の自分を否定せず、ダメはダメなままでいい、そのままでいい、と自分のダメをそのまま認める。そして、ダメを自分の個性として引き受ける〟というライフスタイルには、一つの〝心の構え〟として認めるべき価値があると思うのです。

だめ連のほかにも、『もてない男』（ちくま新書）を書き、もてない男はやっぱりもてない、それをコミュニケーション能力を身につけてもてる男になれ、などと言う宮台真司らの議論は能力差を無視した話である、と言う小谷野敦さん、みずからの人間嫌いぶりを披露しそれを孤独を楽しむ条件とする中島義道さん（『孤独について』文春新書）など、最近は、みずからの欠陥や劣等性を（克服の対象とするのでなく）そのまま引き受け、生きようとする主張が目につくようになってきました。彼らなど、まさにグッゲンビュールの言う〝障害元型〟を自分のものとして引き受け、それを生きることで自己実現している好例と言えるでしょう。

長年、貶《おとし》められてきた〝ダメ〟の逆襲が、今、始まりつつあるようです。

「何でこのままじゃいかんのだ」という〝ダメ〟の叫び声が聞こえてくる！

ヒント5

悩みや問題は人生の大切なメッセージ

——アーノルド・ミンデルのプロセス指向心理学　その1

病やからだの症状。
やめたくても、やめられない病。
人間関係のもつれや夫婦の不和……。
私たちを手こずらせている種々の〝問題〟や〝悩みのタネ〟。
しかし実は、それらはどれも、
人生のプロセスが必要だから運んできてくれた〝意味のある出来事〟。
そうでもしなくては気づくことのできない、
人生の大切なメッセージを運んできてくれる〝人生の先生〟。

〝問題〟や〝悩みのタネ〟とどうつきあっているか

この人生で私たちを困らせる〝問題〟や〝悩みのタネ〟は、尽きることがありません。重い病。肩コリや頭痛といった慢性の症状。タバコやアルコール、ギャンブルなどの〝やめたいけど、やめられない病〟。人間関係の不和やもつれ。子どもの非行や不登校。家庭内暴力。夫婦の不和、離婚……あげていけばキリがありません。このような、誰でも〝そりゃたいへんだ〟と思う問題のほかにも、ちょっとした〝気がかりなこと〟まで含めると、私たちの人生から〝悩みのタネ〟がなくなることなどないように思えます。

そこでご自分を振り返って考えていただきたいのですが、私たちはふつう、こうした自分の〝問題〟や〝悩みのタネ〟とどうつきあっているでしょうか。ふだん、どんな姿勢でこれらの問題や悩みのタネに接しているでしょう。それを考えていただきたいのです。

というのも実は、こうした〝困った問題〟や〝悩みのタネ〟とのつきあい方にこそ、その人の生き方の本質の部分が、よく現れているものだからです。

ここで、これらの〝問題〟や〝悩みのタネ〟とのつきあい方として、いくつか典型的なパターンをあげていきましょう。

①まず一つめは、悩みや問題を〝解決する〟。これをあげる人は多いでしょう。

もしあなたがイヤな上司や威張った夫に言いたいことを言えないでいるとすると、どうすれば相手に言いたいことを言えるようになるか、その方法を考える。なぜか営業成績が上がらない部下がいるとすると、その部下の営業の腕を磨いて成績アップをはかる。こういった方法で、最も正攻法のやり方です。

②次に、二つめとして、悩みや問題と〝闘う〟。これも多いでしょう。

わがままで頑固な同僚がいたら、ぜったい負けずに闘う。口の悪い妻（恋人）とはトコトンやり合う。病気にかかったら、その病気を根絶するまで西欧医学で徹底的に治療する。〝問題〟や〝悩みのタネ〟を、自分にとっての〝敵〟〝邪魔者〟とみなして、断固として勝つまで闘う、という態度です。これもまぁ、多少極端ですが、正攻法と言えるでしょう。

③三つめは、悩みや問題を〝放っておく〟。

人間関係、仕事のトラブル、体調の不良、子どもの問題、夫婦関係……人生で問題をあげていったらキリがない。そうした問題と向き合わなくてはならないことはわかっているけれど、忙しいいし疲れているから、とてもきちんと向き合ってなんていられない。毎日の仕事をこなすだけで、精一杯だ。つまり、ほとんど〝お手上げ〟状態なわけです。

とてもオススメできるものではありませんが、実は日本人にかなり多いタイプです。

問題があることはわかっていながら、それに〝目をつむる〟＝〝見ないようにする〟式のやり方とも言えるでしょう。

④四つめは、悩みや問題について〝愚痴をこぼす〟。これもよくあるタイプです。人間関係や仕事のトラブルなど、さまざまな問題や悩みについて、それにきちんと対処することはしない。問題そのものは放っておく。かといってそれだけではストレスがたまるし、やってられないので、ほかの人に話を聴いてもらう。愚痴をこぼす、というタイプです。

だいたい、この四つが典型的なパターンと言えるでしょう。

たとえば、男女の扱いがあまりに不平等なので腹を立てている女性がいるとします。こんな時、それについて会社や仕事の上役に抗議する、とか、男の人に負けないような実績をつくってやろう、と考える人は①もしくは②の正攻法タイプです。

それに対して、③④はどこか怠惰、というか、人生に対して冷めていたり、自分を守ることに汲々《きゅうきゅう》としているところがあり、問題そのものには向き合わないのです。したがって、とてもほめられたやり方ではありませんが、何事につけても〝無難〟を第一に考える日本人には、こうした傾向がとても強いようです。

〝問題〟や〝悩みのタネ〟は〝気づきと学びのチャンス〟

私がここで言いたいのは、③④の〝逃避型〟がダメだとか、①②の〝問題解決・闘争型〟がいい、ということではありません。

トランスパーソナル心理学、特にこれから紹介するプロセス指向心理学では、そのいずれもとりません。そうではなく、〝人生のプロセス（流れ）が、私たちに必要なことはすべて運んできてくれている〟と考えて、次の⑤や⑥の姿勢をとるのです。

⑤五つめは、常識からするととても奇異に思われるかもしれませんが、問題や悩みのタネ、人間関係のトラブルや病などを〝自分が今、気づく必要のある大切なことに気づかせてくれようとしているもの〟〝人生の大切なメッセージを運んできてくれるもの〟、すなわち、私たちに何か、大切なことを教えてくれている〝人生の師〟として〝敬う〟という態度です。

何だって。あの忌まわしい、人間関係のトラブルや病気、家庭の問題などを〝敬え〟だって⁉　とんでもない！　そんなこと、できるわけないじゃないか、と思われた方もいるかもしれません。

特に今、人間関係のトラブルに巻き込まれて会社をやめようと思っている方、慢性の病で苦しんでいる方、家庭内暴力の息子にモノをなげつけられて全身アザだらけになっている方……そんな切羽詰まった状況にある方であれば、〝そんなことできるわけないじゃないか〟と思われるのが当然だと思います。

しかし実は、そんな方にこそ、この態度を身につけてほしいのです。

人間関係のトラブルやからだの症状ととことん闘った。息子の不登校の問題でほんとうに苦しんだ。そんな方であれば、この人生の深刻な問題は、どれほど〝解決〟しようとしてもそう簡単に〝解決〟できるものではないことを知っています。どれほど〝やっつけてしまおう〟としてもそう簡単にやっつけてしまえるものではないことが身にしみてわかっているでしょう。

そんな方には、自分こそ、この⑤の生きる姿勢を身につけるべきなのだ。そのような生きる姿勢を身につけるよう、人生から招かれているのだ、と考えてほしいのです。すなわち、人生で起きてくるさまざまな問題や悩みのタネ、トラブルなどを、単に解決すべき〝問題〟とみなすのでなく、〝これだけ解決しようとしてもできないということは、この問題は私に、何か大切なことを教えてくれようとしているにちがいない〟〝気づく必要のある大切なメッセージをこの問題は運んできてくれているにちがいない〟と考えて、その問題や悩みから何かを〝学ぼうとする姿勢〟、そこから何かに〝気づこうとする姿勢〟を身につけてほしいのです。

問題と闘おう、問題の原因を追求してそれを解決しようとする、①や②の生きる姿勢を〝問題解決・闘争型〟、問題や悩みはそのまま放置し、愚痴をこぼす③や④の姿勢を〝逃避型〟と呼ぶとすると、問題や悩みから何かを学ぼうとする、何かに気づこうとする、この⑤の姿勢は〝気づきと学び型〟と言っていいでしょう。

大げさに言うと、人生でぶつかる悩みや問題を、自分自身の成長の機会、学びと魂の成長のチャンスと考えるわけですから、〝魂の修行型〟と言ってもいいかもしれません。

〝気づきと学び型〟の姿勢は、大きな問題や悩みにぶつかっている人にこそ身につけてほしい、と言いました。しかしもちろん、そうでない方、今はたいして大きな悩みや問題がない、という方にも、実は是非身につけてほしい、生きる姿勢です。

たとえば、たいした悩みがない若手社員が、ある日曜の午後にぼーっとしていて、〝上司から言われたちょっとした一言〟が妙に気になってきたとしましょう。こんな時、この〝気づきと学び型〟の姿勢を身につけていれば、そのことから何か、大切な生きるヒントが得られるかもしれません。〝たしかにあの上司は変だ。悪いのは、あの人だ。だけど、あんなちょっとした一言がこんなに気になるのは、やはりあの一言が、僕の中の何かに触れたからに違いない。それは何なのだろう〟と考えることができれば、そこから何か、大切な気づきが得られるかもしれないのです。

あるいは〝最近、妙に肩コリが激しいけれど、これは、何を僕に教えてくれているのだろう〟と思いをめぐらすと、そこから何か、新たな気づきが得られるかもしれません。

そんなふうに考えると、まだ悩み込む前から〝気づきと学び型〟の姿勢を身につけておくと、それは一つの〝予防医学〟ならぬ〝予防心理学〟〝予防カウンセリング〟あるいは、もっと広く〝予防人生学〟とでも言える、生きる知恵になるかもしれません。

〝問題や悩みのタネの気持ち〟になってみる

最後に、最も奇妙というか、世間の一般常識から離れた考え方を紹介しましょう。

それは、〝人生の気づきと学びの秘儀〟＝〝人生の裏技〟的なアプローチ。

私たちをふだん、悩ませたり困らせたりしているその〝問題〟や〝悩みのタネ〟、たとえば慢性の病、肩コリや偏頭痛などの症状、妙に気に入らない相手、アルコール中毒ならアルコールにそれぞれの〝気持ち〟があると考え、それそのものに〝なってみる〟というやり方です。

たとえば、パチンコ中毒の人なら、パチンコの玉やあのジャラジャラーという音に〝なってみる〟。そしてその〝パチンコの玉の気持ち〟〝パチンコの玉の世界〟を味わう。

あるいは、タバコがやめられない人なら、タバコに〝なってみる〟。そしてその〝タバコの気持ち〟〝タバコの世界〟を味わう。

あるいは、胃ガンで苦しんでいる人なら、胃ガンの腫瘍に〝なってみる〟。そしてその〝胃ガンの気持ち〟〝胃ガンの世界〟を味わう。

そんなふうに、それぞれの気持ちを味わいながら、そこから、今の自分を見てみるのです。

パチンコの玉になって〝パチンコの玉の世界〟から今の自分を見る。

胃ガンの腫瘍になって〝胃ガンの世界〟から今の自分を見る。

そして、何か言いたいこと、メッセージを自分に投げかけるのです。

これは、⑥〝問題や悩みのタネの立場に立つ〟姿勢ということができるでしょう。

そんなことできるわけないじゃないか、と思われる方が多いかもしれません。

けれど実は、これが、私たちが人生で気づく必要のある大切なメッセージを手にするための、最も実践的な近道であることが少なくないのです。

なぜなら、胃ガンで苦しんでいる人にとって実は、〝胃ガンの気持ち〟こそ、〝その人の心の奥密かに潜んでいて本人は気づいていない、でも実は最も気づく必要のある、その人自身の影となっている部分〟であることが多いからです。

あるいは、妙にムカツク人がいる場合、実は〝そのムカツク人〟こそ、〝その人の心の奥密かに潜んでいて本人も気づいていない、でも実はその人が最も気づく必要のある、その人自身の一部〟であることが多いからです。

あるいは、パチンコ中毒の人なら、実は〝パチンコの玉の世界〟こそ、〝その人の心の奥密かに潜んでいて本人は気づいていない、でも実は最も気づく必要のある、その人自身の一部〟であることが多いのです。

こんなふうに言われても、とても認めがたい、と言う人もいることでしょう。

妙にムカツクあの人が、私自身の一部だなんて！

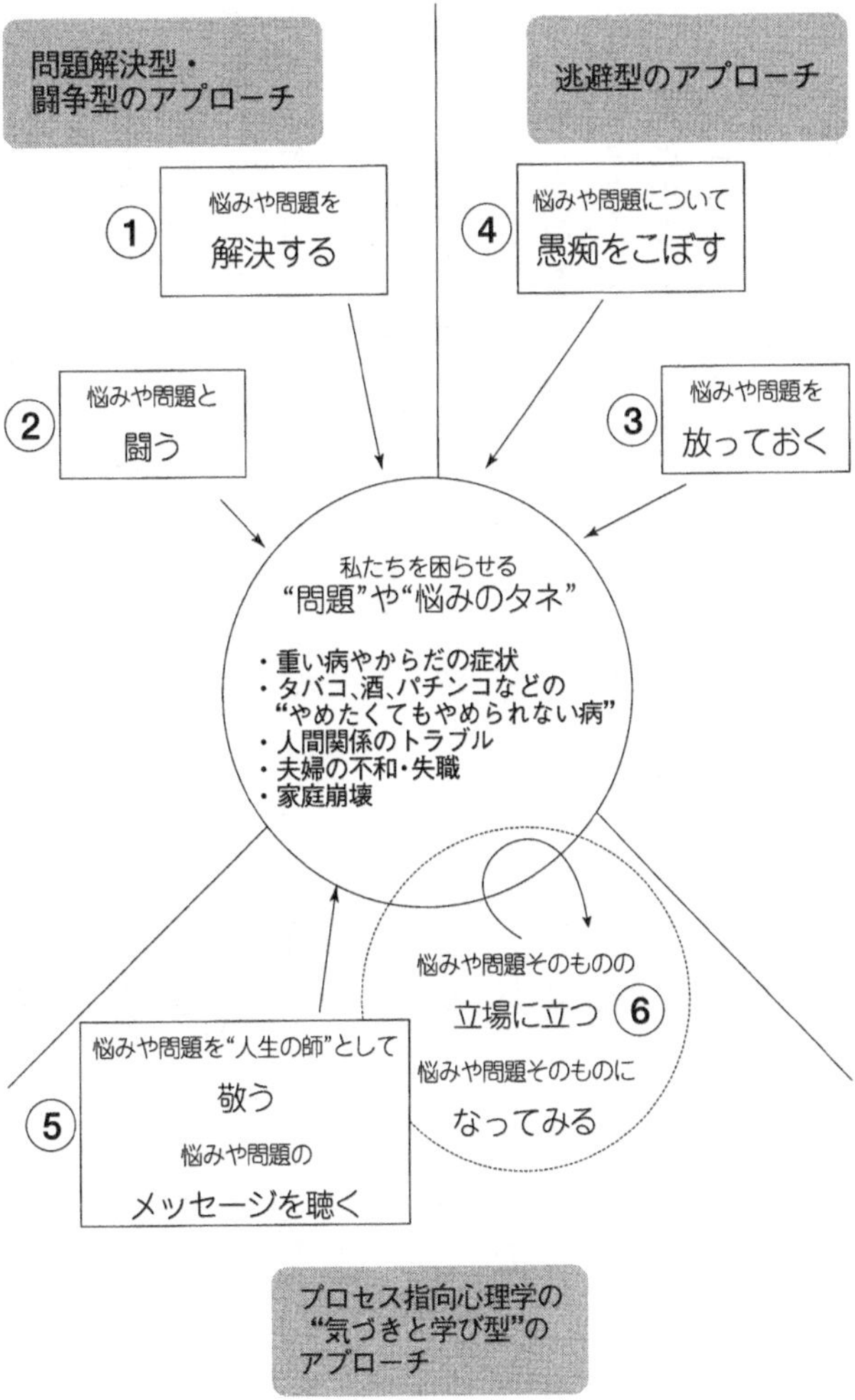

図4　プロセス指向心理学における“問題”や“悩みのタネ”にかかわる姿勢

あの憎き胃ガン、私を今、死に追いやろうとしているあの胃ガンが、この私自身の一部だなんて！　そんなの、絶対、認めたくない！

そう考えるのが、当たり前です。むしろすんなり納得できる人のほうが、変でしょう。

しかし、このような姿勢で、自分の抱えている〝問題〟や〝悩みのタネ〟そのものに〝なってみる〟、そしてその〝言い分〟を聴く、という姿勢でそれにかかわってみると、とても大切な気づきやメッセージを手にすることができ、人生の何かが変化し始めることが多いのです。

プロセス指向心理学（POP）という考え方

問題や悩みのタネに対する六つの姿勢を紹介しました。このうち最後の二つ、すなわち、問題や悩みのタネを、何か大切なことを教えてくれる〝人生の師〟として〝敬ったり〟、問題や悩みのタネそのものに〝なってみて〟その〝言い分を聴く〟、という方法は、プロセス指向心理学という新しい心理学の考え方です。トランスパーソナル心理学の潮流に含まれる数あるアプローチの中で最も臨床的有効性が高い方法として、急速に人気を得つつある心理学です。

このプロセス指向心理学（Process-Oriented Psychology）は、その三つの頭文字をとって〝POP〟と略称で呼ばれることもあります。時折、「POPって、ポップな心理学、つまりポップ・ミュージックみたいな心理学のことですか？」と質問される方がいますが、それは大間違い。ＰＯＰは〝プロセス指向心理学〟のことです。

では、〝プロセス指向心理学〟とは何か。

一言で言うとそれは、あたかも大河のような、この人生の流れ（＝プロセス）が、今、自分に何を運んできてくれているか、それに気づき目覚めていくための総合的なアート（技芸）。可能な限りの〝気づき（自覚＝アウェアネス）〟を持って人生を生きていく技術のことです。

これを学べば、人生のさまざまな問題への対処法を見出せるばかりでなく、創造性を高めたり、幸運を呼び寄せ不運を避けるのにも役立つと言われています。また、ほかの方法ではダメだった慢性の症状の治癒に役立ったり、ガンになるのを防いだり、といった代替医療や予防医学の側面もあり（実際、この方法を学んだ人はガンにかかる割合が極端に低いと言われています）、さらにヒント9で述べるように、昏睡状態の人とのかかわり方を学ぶこともできます。

創始者は、現在米国ポートランド在住の心理療法家、アーノルド・ミンデル。

ミンデルはもともと、ユング派の分析家。河合隼雄先生らと同じスイス、チューリッヒのユング研究所の出身。最初はユング派らしくもっぱら〝夢分析〟に取り組んでいたようですが、みずから慢性疾患を抱えていたこともあり、それに関心を寄せているうち、〝身体症状＝夢の反映〟と見て、身体への取り組みを中心に据えるようになりました。

またミンデルは、〝心の問題と社会の問題、この世界の問題とは分かち難くつながり合っている〟と考え、黒人と白人の葛藤をはじめとする人種問題、環境保護派と開発推進派の葛藤の問題、ホームレスやエイズ患者の扱いの問題、アジア人の第二次世界大戦にまつわる心の傷や葛藤などをテーマにした、数十人から数百人による〝深層グループアプローチ（ワールド・ワーク）〟をおこなうようになりました。今でもミンデルは、北アイルランド、ベルファストでのカトリックとプロテスタントの葛藤など、〝争いごと〟〝紛争〟があるとわかれば、みずから積極的にその地に足を運んでいっています。

さらにそればかりでなく、ミンデルは、人間関係のもつれやアルコールやタバコなどの〝やめたくてもやめられない病（〜依存症）〟〝知らず知らずのうちにおこなっているクセや動作〟などもすべて、私たちの心の深い層とつながっていると考え、もはや狭い意味でのユング派にとどまることができなくなり、これらすべてを総合した新たなアプローチの創造へ向かっていきました。ユング研究所から抜け出て独自のアプローチを創造・展開させていったのです。その結果生まれた〝人生における気づきを高める、総合的なアート（技芸）〟がPOP＝プロセス指向心理学。それは、一言で言えば、〝気づき（アウェアネス）〟を得るための、ありとあらゆる手がかりに開かれた総合的アプローチ。聴覚（音や言葉）、視覚（夢やイメージ）、身体感覚、動作、身体症状、人間関係、世界とのかかわり、一見偶然起こった出来事など、ありとあらゆる媒体に開かれ、あらゆる角度からそこで起きていることを捉えていきます。気づきを高めるのに使えるものなら何でも使うのです。したがって外から見れば、静かに瞑想しているように見えることもあれば、楽しくダンスを踊っているように見えることもあります。POPでは、この人生には目には見えないけれど〝個を越えた、大きな波〟もしくは〝大きな河の流れ〟のような力、すなわち〝プロセス〟が働いている、と考えます。個としての〝私の意思〟、つまり、こうしたい、こう生きたいという希望や願望を越えて、そうしたこちら側の思惑とは無関係に、それを越えて向こうから〝人生の波〟や〝流れ〟もしくは〝うねり〟〝うずまき〟のような力がやってくる。そしてその何かの力によって、ある方向に導かれていく。ある方向に運ばれていく。そんなところが、この人生にはある、と言うのです。

人生の流れ＝プロセスを自覚する

ご自分のことを考えていただきたいのですが、自分が今、なぜ、このような人生を生きているのか。なぜこのような職業につき、このような生活を送っているのか。誰と出会い、誰と出会わなかったのか。そんなことを考えるとそこに、自分の意思を越えた何かの力、さまざまな〝偶然〟や〝出会い〟〝ご縁の力〟を認めずにいられないはずです。それらが幾重にも重なって、私たちの人生はつくられていくのです。見方によっては、どの両親のもとに生まれたかさえ、あなたの魂が何かの力に運ばれて、あなたの両親やＤＮＡを選んだのだ、とも言えるのです。

この人生には、人為を越えた大きな力、目に見えない〝うねり〟や〝波〟〝流れ〟〝うずまき〟のような力が働いているのです。プロセス指向心理学で言う〝プロセス〟とは、この人為を越えて働いている〝人生の大きな流れ＝プロセス〟のこと。そしてこの〝人生の流れ＝プロセス〟は、私たちに必要なものはすべて運んできてくれているはずだから、それが今、何を運んできてくれているのか、そのことに気づけ、自覚的に生きていけ、と言うのです。

〝人生の流れ＝プロセス〟は、まずは目に見えない仕方で、私たちに何かを運んできます。そしてこの目に見えない〝うねり〟や〝波〟〝流れ〟は、次第に目に見える〝形〟をとってきます。その〝形〟となったのが、〝人との出会い〟であり、〝映画や文学作品との出会い〟です。またそれは、〝イメージ〟や〝夢〟であり、〝病〟や〝身体症状〟でもあります。

したがって、こうしたさまざまな媒体を通してそこで起きていることに従い、人生の流れに注意を向けて一瞬一瞬を楽しんでいれば、そうしているうちに、何か、とても大切な、気づく必要のある貴重なメッセージに気づけてしまう。ＰＯＰとは、そんな心理学です。

私たちはこのように、既にある〝形〟をとった夢やイメージ、身体症状などを通して、人生の流れ＝プロセスが、今自分に何を運んできているか、それに気づくこともできます。しかしまた同時に、微細な感覚を磨けば、まだ〝形〟になる以前の人生の〝波〟や〝うねり〟〝流れ〟に自覚的に注意を向けることもできるようになっていきます。そしてそれができるようになれば、これから人生で起こりうることとつながることができ、不運な出来事を避けたり幸運を招き寄せたりできる。あるいは、これから自分がどんな病にかかりそうかを感じ取ることができ、それを予防することもできる。POPを学び、〝見えない次元〟で働いている人生の〝波〟や〝うねり〟に対する感覚を磨いていけば、そんな力を身につけることもできる、と言われています。POPは心理学ですが、広い意味での〝人生術〟でもあり、やはり人生の〝見えない次元〟とのつながりを開く〝易経〟や〝タロット〟〝占星術〟などと重なる部分もあります。

だからでしょうか。POPのセラピィの実際は、どこか〝美しく〟〝軽やか〟です。たしかにPOPは、重い病や慢性の身体症状、やめたくてもやめられない病、人間関係のトラブル、暴力などといった、きわめて重たい〝問題〟や〝悩みのタネ〟に着目します。これらの、人生の暗い側面、人生の〝闇〟の世界に入り込み、そこから大切なメッセージを得ていくのです。

しかし実際に、ミンデルや日本における第一人者である藤見幸雄さんのオープン・カウンセリング（大勢の前でおこなう公開カウンセリング）を見ていると、きわめて重い深刻な問題を扱っていながら、その場に重々しい雰囲気はほとんどなく、とても穏やかで、美しく、ある種芸術的な感じさえするほどです。〝人生って、こんなに美しかったんだ！〟と改めて感じさせられるのです。もちろん、楽しく笑いに包まれ、何かコントを見ているうちに大切なことに気づけてしまうような展開を見せることもしばしばあります（ちなみに藤見さんは、カウンセラーである私が、今、最も信頼して、多くの方を紹介しているカウンセラーです。藤見心理面接室　電話03－5814－1853　FAX　03－3470－3268）。

心理学と量子力学、そして東洋

またもう一つ、POPについて注目すべきは、ミンデルがもともとマサチューセッツ工科大学（MIT）大学院で物理学専攻だったこと。特に、直線的な時系列において因果関係を見ていくニュートン物理学でなく、常に流動的に生成・消滅する可能態を見ていく量子力学、とりわけ〝場の量子論〟や〝波動関数〟といった考えがPOPにかなり大きな影響を与えています。〝見えない次元〟への科学的アプローチである量子力学を背景に据えた心理学なのです。

最近日本でおこなわれたワークショップでも、ミンデルは心の最も深い層について〝量子波動関数〟の考えを使って説明していました。〝量子波〟＝〝目に見えない次元の働き〟〝物質化以前の働き〟が、私たちの心や身体に影響を与えている。しかしそれは、私たちがみずからのとてもとても〝微細な感覚（センティエントな感覚）〟を磨いていけば感じ取ることができるようになるものである。そしてそれを感じ取れれば、そのレヴェルで、たとえばガンにかかりそうな兆候を感じることもでき、予防医学として用いることもできるのではないか。ミンデルはそんなふうに言い、これから十年から十五年くらいの間に心理学と物理学は非常に近いものになってくるはずだ、と予言していました。

ミンデルは最近、量子力学と心理学の接点に関する大著を書き終えたばかりとのこと。どなたか、両方の分野に通じた適任者がおられたら、是非訳してほしいものです。

さらにミンデルは、タオイズム（道教）に心酔しており、この〝宇宙のプロセスそのものに従う〟ことを学ぶのが、POPの目標であると考えています。POPにおける〝プロセス〟とは、〝宇宙の道（タオ）〟のことなのです。

ミンデルがビジョン・クエスト（自然の中で数日間、瞑想してメッセージを受け取るアメリカ・インディアンの儀式）をおこなっている時の次のエピソードが、このことを端的に表しています。瞑想中、ミンデルの脳裏に浮かんだ〝氷河男〟のビジョン。その〝氷河男〟はミンデルに、次のように語った、というのです。

「アーニー（ミンデルの愛称）よ、聞くがいい。すべての人間の生きる意味は、宇宙のプロセスのチャンネルとなることにある。私たちの目や耳が、私たちが気づきを高めるためのチャンネルであるのと同じように、私たち自身も、この宇宙の目や耳なのである。人間が生きる意味は、宇宙の進化の完璧なチャンネルとなることにある。なぜなら、この宇宙の中でただ人間だけが、みずからの変化に自覚的に従うことのできる唯一の存在なのだから。
すべての人は宇宙の一チャンネルとして、この人生で果たすべきみずからの役割を負っている。もし私たちが、チャンネルとしての自分の役割を知らず、自分のからだがこの人生で果たすべき役割を果たさないでいるなら、それは、人生における最大の苦痛であるにちがいない」

プロセス指向心理学とは、私たち一人一人がこの人生で果たすべき、みずからの〝役割〟、フランクルが言う〝生きる意味〟（ヒント1）、ウイルバーが言う、宇宙の進化のプロセスにおける人間の〝使命〟（ヒント2）、それを発見するための具体的な方法のことなのです。

といってもミンデルは、何か特別な宇宙意識のようなものについて語るわけではありません。そうではなく、ただ自分の内外で起きているプロセスに徹する。気づきを伴い、今、この瞬間瞬間を完全に生きる。ミンデルが目指すのは、ただそれの徹底です。つまり、宇宙について考えたり感じたりするのではなく、宇宙の一部である自分のプロセスに徹するのです。

また、ウイルバーの思想がどこか西欧的、キリスト教的な匂いが強いのに対して、〝ただただプロセスに徹する〟というミンデルの考えは、きわめて東洋的です。

実際、ミンデルの夢の中にブッダが出てきて次のように語ったことがあると言います。

「プロセスワークはわたしが向かっている同じ場所に行く急行列車のようなものだ」

〝自然のプロセスに従う〟という発想をとる著名な心理臨床家には、ミンデルのほかにも、ロジャーズやジェンドリンがおり、いずれも日本では、きわめて好意的に受け入れられてきました。私は彼らの人気の背景に、〝すべてはうつろいゆく自然の流れから生まれ、またそこに帰っていく〟という日本人特有の自然観・生命観が大きく反映されているのではないか、と感じています。〝人生の流れ（プロセス）に従う〟ことを基本原理とするミンデルのアプローチも、したがって、これから日本で急速に普及していくにちがいない、と私は思っています。

ヒント6

人間関係のトラブルは"もう一人の自分"の仕業

――アーノルド・ミンデルのプロセス指向心理学　その2

悩みのタネの〝困った人たち〟。
けれど、人生にはつきものの〝困った人たち〟。
人間関係の問題ほど、
人生で〝悩みのタネ〟となりやすいものはありません。
しかし、〝困った人〟は実は、
私たちが認めたくない、私たち自身の一部。
人間関係の問題を、
何か大切なことを学べる気づきのチャンス、
学びの機会に転じていこう。

人間関係ほど悩ましいものはない

人生で人間関係のトラブルほど、私たちを悩ませるものはありません。カウンセリングをしていると、人生の問題の大半には何らかの人間関係が絡んでいることがわかります。人とつきあわずに生きていくことができるなら、どれほど楽だろう。内心、そんなことを思っている方も少なくないと思います。けれどやはり人間は、一人では生きていけない生き物。ついつい人とのつながりを求めてしまい、そしてまた、新たなトラブルに巻き込まれてしまいます。

人間関係の問題に直面した時、多くの場合私たちは、自分のことをそのトラブルの〝被害者〟だと思いがちです。しかししょせん人間は、自己中心的。自分の立場からしか問題を捉えることができません。あの〝困った人〟のせいで私はこんなに悩んでいるんだと、〝被害者〟になりきって、その立場からのみ問題を捉えてしまいがちなのです。

しかし実は、人間関係のもつれやトラブルを引き起こしているのは、私たちが〝困った人〟と思っているその相手本人というより、〝私たちが認めたくない、私たち自身の一部〟であることが多いのです。つまり人間関係の問題は、私たちの心の〝影〟となっている〝もう一人の自分〟の仕業であることが多いのです。

こんなふうに言われると、「えっ、あの〝困った人〟が実は私たち自身の一部ですって。私の影になっている〝もう一人の私〟ですって。そんなの、イヤだ。信じたくない」と思われる方もいることでしょう。しかし既に述べたように、この人生の流れ（プロセス）は、私たちに必要なことをすべて運んできてくれるもの。〝困った人〟との出会いを含めて、この人生のすべては起こるべくして起こったことであり、どんなことにも、何らかの意味があるのです。

そんな姿勢で、人間関係のもつれやトラブルを見つめると、いかがでしょう。あの〝困った人〟の存在も、そこから何か大切なことを学んでいける、人生の〝気づきのチャンス〟〝学びの機会〟に転じていくことができるはずです。

相手の気持ちを理解すれば怒りは消える

みなさんには、いっしょにいるだけでいやだ、とか、見ているだけで腹が立ってくる、という人はいませんか？　大丈夫。たいていの場合、一人や二人は、そんな人がいるものです。

私にも、もちろん、そんな人がいます。

私は、それなりに人づきあいはうまいほう。たいていの人とはうまくやっていけますが、たまにそんな〝見ているだけで腹が立つ人〟に出会うことがあります。

最近出会ったのは、ある人類学専攻の大学教授。五十代半ばなのに、いつもGパンやTシャツという服装の方です。私は、その人といっしょに仕事をすると、なぜか自由に振る舞うことができません。何か、とても押さえ付けられている感じがするのです。

こうやって、今、顔を思い浮かべているだけでも、あの鼻がいやだとか、あの髪形が嫌いだとか、いろいろと文句を付けたくなってきます。まったくもう、ムカツク！

しかし、これも〝気づきのチャンス〟であり、〝学びの試練〟なのです。

私がなぜ、その人のことが嫌いかと言うと、何か、ことあるごとに絡んでくるからです。たいして私のことを知りもしないくせに「だいたい君は」と説教を垂れてきます。お酒が入るとますますパワーアップしてきて大変。ほんとうに嫌になります。観察していると、私だけでなく、ほかの若手研究者にも細々と説教をしています。こんなことをしても嫌われるだけだということを、どうしてこの人はわからないのでしょう。まったく不愉快です！

またこの人は、いい歳をしているくせに、いつまでも大人になれない雰囲気があります。ほんとうは自分が、一番自由で、責任を負わなくていい若手の立場にいたいにちがいありません。だからこそ、私たち若手に絡んでくるのでしょう。

そもそもこの人に、研究者としての実力があるとは思えません。大学のテキスト以外にこの人が書いた本を見たことがありません。しかしそのわりに出世しているのは、権威者に取り入るのがうまいからにちがいない。にもかかわらず、若手の研究にはいちゃもんを付けてくるのです！

みなさんもまず、こんなふうに、相手の嫌な点を並べたててみてください。これなら、いくらでも簡単にできるでしょう?

問題は、次です。今度は、その〝嫌な相手〟の立場に立ってみましょう。

そして、こんなふうに自問してみてください。

「いったいこの人はどうしてこんなに、私たちのことを説教したくなるんだろう。この人が若手を説教せずにいられないその気持ちは、どこから生まれてくるのだろう」

「いったいこの人は、そうすることで、何から自分を守ろうとしているのだろう」

「この人は、過去にどんな経験があって、こうならざるをえなくなったんだろう」

こんなふうに自分にたずねてみてほしいのです。

するとこの大学教授は、若い頃〝奔放な若手〟というイメージで売り出したため、五十をすぎてもその役割から抜け出せずにいることがわかります。そんな彼にとって、若手にのびのびされることは、都合が悪い。なぜなら、奔放に振る舞うしか自分をアピールする術《すべ》を知らない彼がその役割を奪われると、どうにも居心地が悪いからです。おそらくそんなわけで、彼は若手にプレッシャーをかけて萎縮させようとするのでしょう。特に私のように、若手の中でも威勢がよく、目立ちやすい存在は、余計に気に障るにちがいありません。

こんなふうに、相手の気持ち、その人がそうせざるをえない事情を理解すると、私たちの気持ちは収まってきます。もちろん、その人がしている〝行為〟がはた迷惑なものであることに変わりはありません。しかし彼の〝存在〟そのものに対する怒りや憎しみは消えていくのです。

こんなふうに、〝困った人〟の立場に立ち、その気持ちやそうせざるをえない事情を理解できると、私たちの感情が収まっていくのはよくあることです。つまり〝相手を理解すれば、怒りや憎しみは消える〟。これが、〝困った人〟とうまくつきあうための第一原則です。

このことは、職場の人間関係に限られるわけではありません。肉親に対する不信感や憎悪なども、相手の気持ちや事情を理解すれば消えることがあります。

ある三十代の女性は、母親が、自分の七五三の時は祝ってくれなかったのに、妹の時は華々しくお祝いしたことをずっと根にもっています。〝母は、表面的にはどちらも愛しているように振る舞うけれど、ほんとうは、私より妹のほうが可愛いにちがいない〟と思い込んでいたのです。しかしこの女性が三十を過ぎたある日、ひょんなことから、実は自分の七五三の時、父親の会社が倒産し、祝いたくても祝ってあげられなかった事情があったことを知りました。するとそれだけで、母親に対してずっと持っていた不信感が消えていったのです。

私たちは自己中心的ですから、つい自分の立場からのみものを見て、勝手な思い込みから否定的な感情を抱いてしまいがちです。したがって、〝事実〟を知り、〝相手の気持ちや事情〟が理解できると、不必要な怒りや憎しみは消え去っていくのです。

〝困った人〟は私たち自身の一部

ＰＯＰはさらに一歩踏み込みます。〝困った人〟との関係を、気づきと学びの機会に転化しようとするのです。既に述べたように〝困った人〟との出会いは、私たちに、私たち自身の影の部分＝〝もう一人の私〟に気づくよう、促してきています。人生の流れ（プロセス）が、私たちが気づく必要のあることに気づくことができるようにと運んできてくれたもの。それが〝困った人との出会い〟です。それはつまり〝人生からの贈り物〟なのです。

そのためでしょうか。〝困った人〟はいくら私たちが避けても、何度でもくり返し現れてきます。たとえば夢の中にとても嫌いな女の人が現れてきたとします。あなたは〝よりによってなぜあの人の夢を見るんだろう〟と不快に思います。そう思っていると翌日、道でバッタリその人に会ったりします。また翌週、仕事で新たに出会った女性がその人にそっくりだったりするのです。

こんなふうに〝困った人〟は、私たちがいくら避けても、くり返しくり返し現れてきます。そのことが告げるメッセージは一つ。〝私は、あなたが嫌っているあなた自身の影。あなたが認めていない、あなた自身の一部。私を見なさい。私を認めなさい〟ということなのです。

つまり、あなたは相手の人こそ〝困った人〟で、トラブルを引き起こす張本人。問題の〝加害者〟であり、あなた自身は〝被害者〟だと思い込んでいるのですが、実は、その〝加害者〟もあなた自身の一部。あなたがそのことを認めない限り、くり返しくり返し、似たタイプの人と出くわすことになるのです。

あなたが、あなた自身の内なる〝加害者〟に気づくための最もストレートな方法は、〝あなたが嫌っているその人と、あなた自身のどこが似ているか〟に気づくことです。

自分が嫌っている人と似ているところが自分自身にあると認めるのは、たいへんな苦痛です。その〝似ているところ〟は、あなた自身にとって認めるのが困難な、あなた自身の一部でしょう。しかしそれに気づくことは、あなたを大きく変えるきっかけになります。

同じことに気づくもっと大胆な方法は、その〝困った人本人〟になってみる、という方法です。ここで、簡単な実習をおこなってみましょう。

◎エクササイズ　〝困った人〟〝嫌いな人〟になってみる

①あなたが日頃〝困った人〟だと感じている人物を一人思い浮かべてください。

〝どうも好きになれない〟〝苦手だ〟と思っている人を思い浮かべてください。

②あなたはその人のどこが苦手なのでしょう。どこが受け入れ難いのでしょう。その人の

ムードでしょうか。その人の声色、声のトーンでしょうか。喋《しゃべ》り方でしょうか。その人の髪形でしょうか。肌の色でしょうか。匂いでしょうか。あるいは、ツンツンした態度でしょうか。

何でもかまいません。あなたが、その人の最も嫌いなところ、最も受け入れ難い部分はどこかを見極めてください。そして、それをじっくり感じてください。

③次に、その〝困った人〟〝嫌いな人〟に〝なって〟みてください。

その人の話し方、動き方など、できるだけ心をこめてしっかりと真似してください。実際に動いたり声を出したりしてもいいし、心の中でイメージしてみるだけでもかまいません。要するに、その人になりきったつもりで、その人の観点に立って、〝その人の世界〟をしっかりと体験してください。〝その人の世界〟のエッセンスを捕まえて、しっかり味わってください。

④エッセンスを捕まえたら、それを味わいつつ、その人の立場から、今の自分を見てください。どんなふうに見えますか。もし言葉をかけるとすると、どんな言葉をかけますか。どんなメッセージを送りますか。

⑤今度は、いつもの自分自身に戻ってください。そして、先ほど感じた〝嫌いな人の世界〟といつもの自分と、どこか似ているところはないか、探してみてください。いつものあ

なたは、その世界をどんなふうに排除し、どんなふうに生きてこなかったでしょう。先ほどもらったメッセージを、あなたは毎日の生活の中で、どんなふうにいかしていきますか。

いかがですか。私もこのエクササイズを、先の大学教授を思い浮かべてやってみました。まず、「あなたは、この人のどこがそんなに嫌いなの？」――そんなふうに自分にたずねてみると、〝いつもGパンをはいて若い恰好《かっこう》をしているのに、その背後に、何かとてもどんよりした、鈍い空気が漂っている〟のを感じることができます。

次に、その人になったつもりで、〝その人の世界〟を味わってみると、〝黄土色のどんよりした、混沌とした世界〟であることがわかります。実際にその人になったつもりで動いてみても、動きはのろいし、〝鈍ーい、どーんよりとした世界〟です。

そしてその世界から、いつもの自分を見ていると、元気で頑張っているけれど、自分の中にある〝混沌〟や〝どろどろ〟に背を向けている姿が浮かんできます。「お前、いくら逃げても、その混沌に足をひっぱられるぞ！」と言いたくなったのです。

これが、わずか五分間ほどのワークで得られた体験です。

今この体験を振り返ってみると、これは何やら、これから私が〝中年期〟を迎えようとしていることを告げているように思えます。「今はまだ三十代半ばかもしれないが、あと数年で四十だ。そろそろ、前を向いて進むばかりでなく、自分の中の暗い部分、闇の部分、混沌とし、どろどろした底無し沼の世界に注意を向けていかないと、思わぬところで足をひっぱられることになるぞ」と、この〝私の大嫌いな人〟は、私に教えてくれているようなのです。

〝嫌いな人〟が教えてくれること

ＰＯＰのカウンセリングやワークショップでは、これと同様の発見が頻繁に起こります。

私の友人のカウンセラーにカウンセリングを受けていたある女性は、面接中に、いつの間にか、指でつつく動作をしているのに気づきました。そこでこの動作を意識的にくり返してもらうと、今度は、彼女が大嫌いな、同じ会社のある先輩の姿が浮かんできました。そのままその動作を続けてもらっていると、彼女は突然笑いだしました。彼女はその先輩の〝押しの強いところ〟が大嫌いだったのですが、どうやら自分にも、その先輩と同じように〝押しの強いところ〟があることに気づいたというのです。「そうか、私ももっと自覚的に、押しが強くなればいいんだわ！」。

この例のように、私たちの中の〝自分自身が認めていない部分〟は、〝知らず知らずのうちにおこなっている動作〟のような形で現れることがよくあります。この女性の場合、〝指でつつく動作〟として、彼女の影の部分だった〝押しの強さ〟が姿を現し始めていたのです。ＰＯ

Pでは、本人も知らず知らずのうちにやっている動作を、もっと〝自覚的〟におこなってもらうことで、自分の〝影〟の部分に〝光〟を当てることができると考えます。これまで生きてこなかった自分の半面を、もっとじゅうぶん生きることができるようになる、と言うのです。

ミンデル夫妻のワークショップに参加したある女性もそうでした。彼女は歩く時、自分でも知らず知らずのうちに、何かを恐れるように、おそるおそるつま先立ちで歩いていたのです。

ミンデルはたずねました。「あなたは一体、誰を恐れているんでしょうね？」。

そうたずねられると、この女性の頭には、貴子（仮名）という批判的な友人が思い浮かびました。

ミンデルはこの女性に、その〝批判的な貴子〟をここで演じてみるよう促しました。

最初はためらいがちだった彼女ですが、次第に〝批判的な貴子〟を演じ始めます。ミンデルが本人を演じ、彼女自身は〝貴子〟になりきって役割演技をおこなったのです。

貴子役の彼女は言います。「あなたがおこなっていることは、ほんとうにくだらないわ。時間の浪費よ。そんなことはやめて、さっさと結婚しなさい。子どもを産みなさい！」。

はじめはこのように、辛辣《しんらつ》な批判ばかり言っていた〝貴子〟ですが、本人役のミンデルと対話を続けているうち、少しずつ、有益なアドヴァイスをするようになっていきました。

「あなたは才能を持っているわ。あなたの持っている才能や知識を今の仕事に、もっと存分にいかしなさい。今のあなたは、まわりの人の目ばかり気にしていて、自分の人生をぜんぜん生きていないわ。だから、どうしようもない人生しか送れないの。そんなものは気にせず、自分のやりたいことを、ただやりぬけばいいのよ！」

〝貴子役〟になりきって〝自分役〟のミンデルに向かってこう言った時、彼女は何か、〝自分の奥のほんとうの自分〟が語っているような感じをつかむことができたのです。

この女性が恐れていた〝批判的な貴子〟は、実は、彼女が生きていない彼女自身の一部でした。だから、思い切って〝貴子役〟を演じているうち、彼女は、自分がまだじゅうぶんに生きられずにいる自分の半面に気づき、そこから語ることができるようになったのです。

このように、二人一組になって〝自分が恐れている人〟や〝苦手な人〟を実際にからだを動かして演じてみると、一人でやるよりもっと強力な気づきを得られることがあります。

誰か、協力してくれる人がいれば、その人に〝いつもの自分役〟を演じてもらい、自分がその〝恐れている人〟や〝苦手な人〟役を演じて、会話をしてみるといいでしょう。協力してくれる人がいない時は、自分一人で〝恐れている人〟や〝苦手な人〟役になりきってみて、鏡に映った自分の姿に向かって語りかけるのも一案です。

夫婦や恋人との関係を改善するヒント

難しい人間関係の中でも最も手ごわいのは、夫婦関係や恋人関係でしょう。最初は愛し合っていたはずなのに、いつの間にか心と心がすれちがってしまう。会話もなくなり、疲れているからかもしれないけれど、最近はセックスもあまりしていない。いつもそばにいるからこそ、ねじれた関係をほぐすのは一苦労。ついお互い、意地の張り合いになってしまいます。

こんな関係を改善するためのヒントを三つほど紹介しましょう。

まず一つは、相手がしんどそうな時は、しっかり愚痴や弱音を聴くこと。これに限ります。パートナーを見ていて〝今日はまいってるな〟〝相当ストレスたまってるな〟とわかる時には、ただひたすら話を聴いてあげましょう。アドヴァイスは要りません。とにかくただ聴いて、受け止めてあげればいいのです。そして五分話を聴いたら、「君も、大変だなぁ」と一言言ってあげましょう。人間、誰でも、ほんとうにしんどい時は、だまって話を聴いてほしいもの。この時、相手がどう出るかで、夫婦関係、恋人関係は大いに変わっていくのです。

二つめは、時たまでいいから、お互いの気持ちや要望を聴き合い確かめ合うことです。

具体的には、①まず片方が「パートナーに最近、してもらってうれしかったこと」を伝えます。この時、もう片方はだまって話を聴きましょう。話し終わったら、役割を交代します。

②次に片方が「パートナーにこれから、してほしいこと」を一つだけ伝えます。〝やさしくしてほしい〟などと抽象的に言うのでなく、〝たまには、ありがとうって言ってほしい〟〝たま

には、料理をほめてほしい〟〝マッサージしてほしい〟と、具体的に行動レヴェルで希望を伝えましょう。もう片方はだまって話を聴きます。話し終わったら、役割を交代します。

③最後に、片方が「パートナーにこれから、してほしくないこと」をやはり一つだけ伝えます。これも〝冷たくしないでほしい〟などと抽象的に言うのでなく、〝食事が終わったらすぐに自分の部屋に行くのはやめてほしい〟〝こちらの気分もかまわず、強引にセックスするのはやめてほしい〟〝お酒を飲むのは週二日までにしてほしい〟と、具体的に行動レヴェルのことをあげましょう。もう片方はだまって話を聴き、話し終わったら役割を交代します。

こんなふうに、短い時間でも定期的に、お互いの気持ちや要望を伝え合い、だまって耳を傾け合う時間を持つだけで（たとえ実行できなくても）かなり関係は改善されるはずです。

三つめは、時にはストレートに愛情を伝えることです。

日本人は〝愛している〟と正面切って言葉にするのは苦手です。しかし、愛は形にして伝えてもらっていないと、やはり不安になるもの。プレゼントを贈るのもいいですが、たまには気持ちを言葉にして伝えましょう。

直接言うのが恥ずかしければ、朝、メモを残しておくのもいいでしょう。

「最近、伝えるのを忘れていたけれど、いつも僕のことを支えてくれて、ほんとうに感謝しています。ありがとう。心から、愛しています」

ただこれだけのメモを置くだけでも、ずいぶん気持ちは変わってくるはずです。
やっぱり、少し照れくさいでしょうか？

無意識におこなっている動作や姿勢に気づく

夫婦や恋人同士の関係では、多少の気持ちのくい違いがあっても、それをうまくごまかすことに私たちは慣れてしまっています。多少のマイナスを感じても、それを見ないようにするのが、関係を維持するための知恵だと思いがちなのです。しかし、そのような小さな気持ちのくい違いが蓄積していくと、いつしか取り返しのつかないことになってしまいます。

夫婦や恋人同士で、小さな気持ちのくい違いをお互いに大切にしながらコミュニケーションを持つことは、どのようにして可能でしょうか。

私がお勧めしたいのは、夫婦や恋人同士で話をしている時〝自分が知らず知らずのうちにやっている動作〟に気づくことです。そして、その動作を気持ちを込めてやり続けていると、相手に対して自分がこれまでずっと抑えてきた感情が一気に吹き出してくることがあります。さらにこれを分かちあうことで、夫婦や恋人間の関係が急に深まることもあるのです。

たとえばある女性は、夫と話をしている時、知らず知らずのうちに〝自分の右手で自分の左腕をやさしくなでている〟ことに気づきました。この動作は、何を意味しているでしょうか？

自分でも知らず知らずのうちにやっていたこの動作を、今度は自覚的に、気持ちを込め、しっかり注意を向けながらくり返していると、どっと涙が溢れてきました。彼女は「私はさみしい！　もっと私を大切にして！」と叫び始めたのです。そうです。彼女が最初、知らず知らずのうちにやっていた〝自分の右手で自分の左腕をやさしくなでる〟という動作は、もっと大切にしてほしい、もっと愛してほしいという彼女の無意識の心の叫びの表現だったのです。

夫は彼女と多くの時間を共有してくれるし、結婚記念日や誕生日にはプレゼントもくれる。子育てにも協力的。そういう点はたしかに申し分ないのだけれど、最近、夫の心が何かほかのことで占められていて〝ほんとうに大切にされている〟と感じたことが、ここ数年ない、と言うのです。彼女は、自分でも無意識のうちにやっていた動作を自覚的にくり返すことで、それまで抑え続けてきた自分の感情に気づき、それを夫に伝えることができたのです。

またある男性は、妻と話をしている時の自分の姿勢に注意を向けていると、背中がいつもより引けているのに気がつきました。

カウンセラーからこのことを指摘され、自覚的にその姿勢を保っていると、内側から、〝僕は自分のことを、もっと守りたい〟という気持ちがこみ上げてきました。

カウンセラーから「どうすれば、自分をもっとしっかり守ることができるでしょうか」そうたずねられたこの男性は、今度は、部屋の隅っこで、ひざを抱えて座り込みました。そうしていると、とても安全な気持ちがしてくる、と言うのです。

この男性の妻は口やかましく、彼に絶えずいろいろなことを要求してきます。「もっと家事を手伝って」「もっとしっかり私を支えて」「男なんだから、もっとしっかり私をリードしてよ」――こんな注文を付けられた彼は、〝男なんだから〟と歯を食いしばり、一歩も引かずに妻の気持ちに応えようとしました。しかし、それは彼にとってとても無理なことであり、抑圧された気持ちが無意識の動作として現れていたのです。この男性に必要なのは、もっと自分をしっかり守ること、そのためにどうすべきかを妻にわかってもらうことだったのです。

いかがですか。みなさんは、妻（夫）や恋人、あるいはお子さんと話している時、無意識にどのような姿勢や動作をとっているでしょうか。少し注意を向けてみて、それに気づいたら、今度はその姿勢や動作を自覚的に、ゆっくりとくり返してみてください。気持ちを込めて。そしてそこからわき起こってくる感情を、パートナーと分かちあってください。

お互いに触れながらおこなう瞑想

最後に、夫婦や恋人同士でおこなうのにピッタリの簡単な瞑想法を紹介しましょう。

瞑想などと言うと大げさですが、二人で静かな時間を共有しながらエンジョイでき、さらに自己発見にも役に立つ、簡単な実習です。

◎エクササイズ　夫婦、恋人間で〝お互いに触れながらおこなう瞑想〟

①ジャンケンをして順番を決めてください。

②まず勝ったほうが〝触れる側〟、負けたほうが〝触れられる側〟になります。〝触れる側〟は〝触れられる側〟に、からだのどこを触っていいか、たずねてください。〝触れられる側〟は「どこでもいい」と言うより、肩とか、背中とか、いくつか場所を指定したほうが面白くなります。

③〝触れる側〟は目をつむり、相手から指定された場所をソフトに触れていきます。指先に微細な感覚を集中して、何か、自分の注意を引きつける部分を探していきます。自分の注意が引きつけられる部分、何か気になる部分が見つかったら、そこをやさしく触れていきます。微細な感覚を集中して、その部分のエッセンス、その部分の本質をつかむまでこれを続けます。

④その部分を触っていると、何か、イメージが湧いてくるかもしれません。

そうしたら、それを絵に描いてもいいでしょう。

その部分を触っていると、何か、歌いたくなるかもしれません。そうしたら、歌を歌ってみてください。

その部分を触っていると、何か、動きたくなったり、踊りたくなるかもしれません。そうしたら、動いたり、踊ったりしてください。

相手のからだから、自分が感じたことを創造的に表現していくのです。

⑤もし、パートナーといっしょにそれを表現したくなったら、パートナーを誘って、二人でいっしょに表現していきましょう。二人で踊ったり、二人で歌ったり、二人で絵を描いたりしましょう。二人で物語をつくるのもいいでしょう。そしてそれを創造的に展開していきましょう。

⑥じゅうぶんに展開し終わったら、〝触れる側〟と〝触れられる側〟の役割を交代しましょう。そして、今のプロセスをもう一度展開していきましょう。

いかがですか。遊び心のある、楽しそうな実習でしょう？

これは、二人の関係がうまくいっている時、さらに関係を深めるのに有効なエクササイズです。しかし案外、ちょっと気まずい時でもこれをやってみると、トラブルのことなど忘れて二人で楽しめ、仲直りのきっかけがつかめるかもしれませんね。

二人でどんな物語を紡ぎ出せるか、どんな歌や踊りを展開していくことができるか、楽しく味わうことができるといいですね。

ヒント7

〝病気の気持ち〟〝症状の言い分〟に耳を傾ける

――アーノルド・ミンデルのプロセス指向心理学　その3

ガンなどの、重い病。
頭痛、肩コリ、喉の痛みなどの慢性の症状。
酒、タバコ、パチンコなどの〝やめたいけど、やめられない病〟。
これらは実は、私たちに、
そうにでもならなくては気づくことのできない、
大切な何かを教えてくれている。
〝病気の気持ち〟〝症状の気持ち〟になって、
その〝言い分〟に耳を傾けよう。

〝病気や症状の言い分〟に耳を傾ける

ガンや胃潰瘍などの重い病。肩コリや偏頭痛といった慢性のからだの症状。病気やからだの症状は、人間関係の問題と並ぶ、人生最大の〝悩みのタネ〟。〝もし一生病気にならずにすむなら、何て素晴らしいだろう〟〝もし症状がすっかりなくなってしまうなら、どんなに生きるのがラクだろう〟そう思っている方は、少なくないでしょう。

病気や身体症状は、私たちの人生から退治してしまいたい〝人生の邪魔者〟なのです。この点については西欧医学も、針灸などの東洋医学も、違いがありません。いずれも病や症状を消し去ろう、とするのであり、病や症状は人生の〝邪魔者〟でありやっかいな〝敵〟とみなされているのです。

POPが病や症状に対してとる態度は、ちょうどこれと逆さ向きです。

病気や症状は、私たちに、何か大切な人生のメッセージを送り届けてきてくれているのだから、それを大切に敬うべきだ。〝病気の気持ち〟〝症状の気持ち〟になって、その〝言い分〟に耳を傾けよう。〝病気や症状の言い分〟に従っていこうと言います。POPの考えでは、病気や症状は、そうにでもならなくては気づけずにいた〝大切な何か〟に気づくよう私たちを促してくれる、有り難い〝贈り物〟なのです。したがって、病気や症状を〝敵〟や〝邪魔者〟とみなして、すぐに薬を飲んだり治療を受けてなくしてしまおうとするのは、せっかくの贈り物＝大切な気づきや学びのチャンスをゴミ箱に捨ててしまう愚かな態度であることになります。これは先に〝困った人〟〝嫌いな人〟は、実は私たち自身の一部なのだ、と言ったのと同じことです。私たちが〝嫌いな人〟が実は、私たちが認めたくない私たち自身の一部であるのと同じように、病気や症状も、私たちが認めたくない私たち自身の一部なのです。ですから、先に〝嫌いな人〟の立場に立って、そこからメッセージをもらったのと同じように、ここでは病気や症状の立場に立ち、それになりきって、そこからメッセージをもらおうとするのです。

それればかりではありません。〝病気や症状の言い分〟に耳を傾けることは、私たち自身の生き方の変更につながるばかりか、予防医学的な効用もあります。事実、ＰＯＰを始める前はさまざまな病にかかっていたミンデルは、これを始めてからは風邪にすらかかったことがないと言いますし、ＰＯＰを学んでいる人はガンの発生率が著しく低い、と言われています。

〝喉の痛み〟のメッセージ

具体例をあげましょう。ミンデルのセミナーに来たある女性は、最初、極度の疲労と発熱でしばらく横になっていました。彼女は、ひどい〝喉の痛み〟に慢性的に苦しめられており、それを何とかしようと思って、ミンデルのもとを訪ねたのです。

彼女はしばらく、この〝喉の痛み〟を感じていました。ていねいに、ていねいに、その感覚を感じていると、それが〝氷のように鋭く、冷たい、金属片〟であるというイメージが浮かびました。そこで彼女は、この〝氷のように鋭く、冷たい、金属片〟そのものに〝なって〟みました。そしてこの〝金属片の世界〟〝金属片の気持ち〟をていねいに味わい体験したのです。

そしてそこから、ふだんの自分に言葉を投げかけてみました。

出てきた言葉は、「あなたは、あまりにもお人好しで、やさしすぎる。まわりの目を気にしてビクビクしていないで、もっとハッキリ自分の意見を言いなさい！」。

彼女の〝喉の痛み〟は、〝もっと自己主張するように〟というメッセージを彼女に送るために、からだの症状として現れてきていたのです。逆に言えば、彼女には本来、自己主張的な面があるにもかかわらず、その面をじゅうぶんに生きてこなかったがために〝喉の痛み〟が慢性の症状として現れ、彼女に〝気づき〟を促してきていたのです。

このメッセージを受け取った彼女は、とてもたくましくなったように見えました。自分のほんとうに言いたいことを、自分の著書でストレートに書いていくことを決意したのです。すると彼女の〝喉の痛み〟は、嘘のように消えていったといいます。

ドリームボディ——夢と身体症状とのシンクロニシティ

ミンデルはもう一つ、面白い事実を指摘します。

その人が患っている慢性の症状や病のメッセージは、必ず、その人の夢を通しても送られてきている、ということです。つまり、夢は病や症状を映す鏡であり、またその逆も真なりで、病や症状も夢を映す鏡である、というのです。ユング心理学で言うシンクロニシティ（意味ある偶然の一致）という関係が、夢と病や症状の間には必ず成立している、というのです。

ある皮膚病の女性は、とてもおとなしく、静かな性格の持ち主。彼女は、激しいかゆみを伴う湿疹に、長い間煩わされていました。

この女性の夢の中には、何度も〝虎〟が出てきます。たとえば、虎がパン屋の商品すべてを食べ尽くしてしまう。そんなシーンが何度も夢の中に出てきた、というのです。

もう、おわかりですね。〝夢の中の引っかく虎〟が、彼女のからだでは〝激しいかゆみ〟として現れています。どちらも、そのメッセージは同じ。〝もっと引っかけ。虎のようになって周囲をひっかき回せ〟というものです。自分のおとなしさ、もの静かさに同一化して、おしとやかにふるまっていたこの女性は、〝自分の中の虎のような部分〟＝〝周囲をひっかき回す部分〟をじゅうぶんに生きてこなかったのでしょう。そのためそれが、夢の中の虎や、激しい皮膚のかゆみとして現れ、彼女にメッセージを送ってきたのです。

夢と身体症状との共時的関係＝シンクロニシティは、あらゆる場合に成立している。この関係が成立していなかったケースを私は見たことがない、とミンデルは断言します。

そしてこの場合、夢が先か身体症状が先か、どちらが原因でどちらが結果か、と考えることはあまり意味がありません。従来の心身医学では、心の変調がまず原因としてあって、それが結果的に身体症状（かゆみ）として生じたのだ、という因果関係をそこに読み取りがちです。

しかしＰＯＰでは、このような因果論はとりません。そうではなく、本来あるのはただ、心でも身体でもなく、そのいずれをも含み越えた〝人生の大きな流れ＝プロセス〟だけであり、この〝プロセス〟が私たちに必要なもの、気づく必要のあるものを絶えず運んできてくれている。それがたまたま〝形〟として現れたのが〝夢の中の虎〟であり、また〝皮膚のかゆみ〟であった、と考えます。つまり、〝プロセス一元論〟なのです。

したがって、その具体的な〝形〟は夢や身体症状でなくてもかまいません。たとえば、その人が観るテレビ番組に、なぜか次から次へと虎や猫が出てきて、何かを引っかくシーンが映し出されるかもしれません。あるいは、夫と口論した時、思わず夫の顔を爪を立てて引っかいてしまうかもしれません。そんなふうに、〝人生の大きな流れ＝プロセス〟は、私たちが気づく必要のあることに気づくまで、同じメッセージを手を変え品を変え、いろいろな形で送り届けてきてくれます。それは、私たちがそのメッセージを自覚的に生き始めるまで続くのです。

このように、プロセス指向心理学における〝心身論〟は〝プロセス一元論〟です。それは、心身医学などで〝心の変調が身体にも現れるのだ〟と考える、よくある凡庸な〝心身相関論〟とは一線を画すものなのです。

ある末期の胃ガン患者のケース

このことは、POP誕生のきっかけになった次のケースによく示されています。

ある中年男性が胃ガンを患って入院していました。彼は最近、切開手術をして腫瘍を切除したばかりでしたが、既に末期で手の施しようがない状態でした。

ミンデルと会うと、彼は何度もうめきながら、切除したはずの腫瘍の痛みを訴えました。しかも「腫瘍がどんどん、どんどん、大きくなっていく」と言うのです。もちろん、手術して腫瘍は取ったばかりですから、現実にはそんなことは起こりえません。ミンデルは、おそらく麻酔のせいで意識が変になっているのだろう、と考えました。

しかし、患者は「腫瘍がますます大きくなっていく」と訴え続けています。そして何と、お腹を突き出そうとするのです。手術したばかりなので、傷口が開くかもしれません。

ミンデルは迷いましたが、〝今、ここで起こっていることに従おう〟と考えました。そしてこの男性に、その痛みをもっとよく感じるよう促しました。すると彼は、ますます大きくお腹を突き出して、痛みを感じようとします。やりすぎて傷口が開くのが心配になったミンデルは、「腫瘍が大きくなっていく、そのことをからだで感じながら、イメージにしてみてください」と提案しました。すると彼は「あ、活火山だ！」と叫びました。イメージの中で火山活動がどんどん活発になり、そしてついに爆発した、と言うのです。

それに続けて、彼は言います。「アーニー、僕はただ、爆発したい。爆発したいんだ。僕はこれまで、爆発することができなかった。……僕の問題は、自分をじゅうぶんに表現できないことにあったんだ」。

この話をするうち、患者は入院直前に見た、ある夢を思い出しました。その夢の中で、彼はやはり不治の病を患っており、その病を治す薬というのが〝爆弾〟だった。爆弾が爆発することで、不治の病が癒される夢だった、と言うのです。

ミンデルが爆弾についてたずねると、普段は無口で引っ込み思案だった彼が、空中に爆弾が落下するかのような音を発し始めました。「シュー」「ビュー」と叫び始めたのです。

そしてその時です。何とも不思議なことですが、建物の外で、やはり「シュー」「ビュー」「ボンボン」と、打ち上げ花火の鳴る音が聞こえてきたのです。その日はちょうど、スイスの独立記念日。スイスではめったにない、花火を上げる日だったのです。

その後、ミンデルは彼を何度もお見舞いに行きましたが、その度に彼は、ベッドの上で何度も何度も〝爆発〟しました。大きな声で泣きわめき、怒鳴り散らし、金切り声をあげました。するとし、余命いくばくもない、と言われていた彼の症状が、少しずつよくなったのです。

ミンデル「あなたはほんとうは、どこで爆発しなくてはならないのでしょう？」

男性「妻との関係です。私は妻に、ほんとうのこと、言いたいことを言ってこなかったのです」

つまり彼のテーマは、妻を相手に自己主張できないことにあったのです。そこでミンデルは、夫婦カウンセリングをおこなうことを提案しました。

最初は妻に大声でわめきちらすことしかできなかった彼ですが、ミンデルのサポートを得て次第に、言いたいことを自分の言葉でしっかり伝えることができるようになっていきました。

それに伴い、彼の症状もますます改善。退院し病院の外で生活する中で、妻以外のさまざまな人との関係においても、かつてなかったほどよく自己主張できるようになっていきました。驚くことに彼は三年も生き長らえ、それまでなかったほど満足のいく、充実した人生を生きることができたそうです。しかも死因は、胃ガンとは直接関係ないものだったとのこと。

このケースでは、同じメッセージが実にさまざまに形を変えて、彼に送り届けられていきます。どんどん大きくなっていく（と感じられた）胃ガンの腫瘍、お腹を突き出す彼の動作、その腫瘍を感じた時の〝活火山〟のイメージ、夢の中に出てきた〝爆弾〟、「シュー」「ビュー」という叫び声、建物の外の打ち上げ花火、そして妻との関係……。

これらすべては、彼の人生のプロセスが〝爆発せよ〟という一つのメッセージを送り届けるためにとった、さまざまな形だったのです。

〝症状の作り手〟になるエクササイズ

ミンデルはさまざまなガン患者と接するうち、彼らの多くが発病前、長期間にわたり緊張を抑圧していたことを知りました。その抑圧された緊張がガンという形をとって現れるのです。

そう考えると、たとえばマッサージで一時的に緊張を和らげるのは、ある意味で誤魔化しにすぎません。〝緊張〟からメッセージを受け取る貴重な機会を逸することになるからです。

これは多くのボディ・ワークについても言えることです。ボディ・ワークではさまざまな身体症状に働きかけ、緊張を除去し感情を解放します。しかし緊張が生まれるのは何かの必要性があってのことのはずです。にもかかわらず、そのことを考慮せずいたずらに症状を除去し緊張を解除してしまうと、一時は楽になっても、その人がその人であるために〝必要な支え〟（＝症状や緊張）を失い、強い空虚感に襲われたりうつ状態に陥ってしまうことがあります。

つまりPOPでは、症状や緊張を単に取り除けばいいものとは考えません。そうではなく、その症状や緊張がどんな必要性を持って生まれたのか、その症状の側に立ち、〝症状の作り手〟になって、その世界をじゅうぶんに味わい体験することが大切だと言うのです。

◎エクササイズ　〝症状の作り手〟になってみる

①あなたを悩ませている身体症状を一つ選んでください。たとえば肩コリ、頭痛、腹痛、口内炎、といった慢性の症状を。もし今、特に症状がなければ、かつて苦しめられていた症状でもかまいません。

②床の上に、あなたの健康なからだがあると想像してください。その健康なからだに、あなたが今思い浮かべた症状をつくるとしたら、どんなふうにつくりますか。あなたのからだを使って、その症状になってみてください。自分自身のからだを使って、その〝症状の作り手〟に〝なる〟のです。

③症状になったら、そこから生まれる動作を、ゆっくりと気持ちを込めて、何度も何度もくり返してください。どんな感じがしてきますか。その症状の気持ち、その〝症状の世界〟をじゅうぶんに体験し味わってください。それは、どんな世界でしょう。どんな雰囲気のところですか。もし声を出したくなったら、声を出してみてください。何か、言いたくなったことはありますか。

④症状になりきって、その動作をくり返しながら、いつもの自分を思い浮かべてください。どんなふうに見えますか。何か、言葉をかけたくなったらかけてください。どんなメッセージを送るでしょう。

⑤動作をやめて、いつもの自分に立ち返り、症状の部位に気持ちを向けて、先の〝症状の世界〟がどのように現れていたかを確認してください。また、先に症状からもらったメッセージをどのようにこれからの人生に生かすことができるか、考えてください。

一九九八年の夏に福岡でおこなわれたPOPのワークショップで、私もこのエクササイズを体験しました。

疲れからか、背中に何か〝固い板〟のようなものが感じられ、突っ張った感じがした私は、それを身体症状に選びました。そして床に、うつぶせになった自分の身体があると想像して、その肩から背中のあたりに覆い被さり、自分の背中にある〝固い板〟のような〝突っ張り〟そのものになってみたのです。そして、そこから生まれる動作をしばらくゆっくりくり返しながら、その〝背中の突っ張りの世界〟をじっくり体験し、味わってみました。

しばらく動作を続けていると、何か、自分が〝蜘蛛《くも》〟のような動きをしていることに気がつきました。そしてさらに注意を集中してその動きを続けていると「俺はあきらめない。手に入れるぞ。欲しいものは、欲しいんだ！」と叫んでいるのに気がつきました。

どうやら最近の私は、周囲に合わせすぎ、自分の欲をすぐあきらめてしまう傾向にあったようです。いい意味で貪欲になること。欲しいものは欲しい、と言い続けること。そうした執念のような心の動きをもっと大切にせよ、と私の〝背中の突っ張り〟は私に教えてくれたのです。

気がすむまでしがみつきなさい！

病や症状から入るＰＯＰのケースは、それぞれまったく違った展開を見せます。

ある管理人の男性は、心臓病とそれに伴う胸の痛みのことでミンデルのカウンセリングを受けに来ました。彼は〝酔っぱらいが家の中に侵入してくる〟という夢をくり返し見ると言います。ミンデルが「酔っぱらいは、あなたのからだのどの部分に入ってきたのですか」とたずねると、彼は「腕の部分です」と答えます。そして「最近、仕事をしていると、とても疲れてしまって、腕の中のエネルギーがすべてなくなってしまうんです」と言うのです。また、「でも仕事に戻らなくてはと思うと、今度は胸のあたりに痛みが戻ってくる」のだと言います。

彼は、ものすごくまじめな人でした。彼の中にも〝怠惰な部分〟＝〝夢に出てくる酔っぱらいのような部分〟があるのですが、それを追い払おうとすると彼の心臓は痛み始めるのです。

ミンデルは「酔っぱらいを部屋に通してあげてください」と言いました。彼の心臓病や酔っぱらいが入ってくる夢は、まじめ一辺倒な彼に、もっとリラックスすること、自分の中の〝怠惰な部分〟＝〝酔っぱらいのような部分〟をもっと生きるよう促してきていたのです。

これとは逆の方向に展開したのが、次のケースです。

ある不登校の男の子（小学生）と母親がミンデルの相談室を訪ねました。男の子は、脳腫瘍から来る頭痛にも悩まされています。母親はたいへん理知的で、やさしく、受容的な態度で子どもに接しています。無理に学校に行かなくていいし、勉強もしなくていい。そう言っていたのです。からだによい食事を心がけ、自然豊かな環境のもとで育てました。身体に悪い刺激物、たとえばコーヒーなどもあまり与えすぎないよう、気を配っていました。

ミンデルが男の子に、「頭がどんなふうに痛いんだい？」とたずねると、「こんなふうに」と男の子は、自分の頭をトンカチで叩くようなしぐさをしました。

そこでミンデルが「このクッションが君の頭だとして、どんな頭痛なのか、もう少していねいに説明してくれないか」と言うと、男の子は、自分の手をトンカチに見立てて、クッションをゴン！ゴン！ゴン！と力強く叩き始めました。あまりに力強いので母親が驚いていると、男の子は「僕は強くなりたい！　そう、もっともっと強くなりたい！」と叫び始めました。

ミンデル「強くなりたいってどういうこと？」

男の子「僕は、学校へ行きたい！　そして、ものすごく勉強したい！」

それまで、彼の医師や母親は男の子に、決して無理して学校に行かないようにとくり返しアドヴァイスしてきました。しかし男の子は、その逆のことをしたいと言い始めたのです。動作をくり返しながら、彼は続けます。「僕は、学校へ行って、猛烈に勉強する！　コーヒーをガブガブ飲んで、一日に五時間くらいしか眠らずに、猛烈に勉強してやるんだ！」。

ミンデルはプロセスに従ってこう言いました。「じゃあ、そうしてごらん！　本気で勉強してごらん。コーヒーをたくさん飲んで、あまり寝ないで勉強してごらん！」。

実際に、男の子は翌日からこれを実行に移しました。すると、学校に通い始め、猛烈に勉強し始めたばかりか、二カ月くらい経った頃、脳腫瘍も消えていったというのです。

私たちはふつう、頑張り過ぎは健康によくない、リラックスして睡眠をたくさんとり、ストレスを感じないようにすることが大切だと考えています。しかしこの男の子の場合、母親があまりにやさしく接するため、彼の中の〝強い部分〟〝たくましい部分〟が育ちたくても育てずにいたのです。日本の子どもにも、こうしたケースは少なくないと私は感じています。

何がよいことかはマニュアルのように、一義的には決められません。

管理人の男性には〝リラックスすること〟、不登校の男の子には〝頑張ること〟がそれぞれ必要になっていたのであり、それがプロセスが運んできたメッセージだったのです。リラックスではなく頑張ること、手放すことでなく執着することが必要な時ももちろんあるのです。

次のミンデルの言葉は、彼の言葉の中で私が一番好きなものの一つです。

「執着を手放すことを学ぶには、あなたが日頃やっていることをしっかりやり抜かねばなりません！　闘いたいだけ、人生と闘うといいでしょう。人生をコントロールし、河の流れを変え、できるかぎり自己中心的、野心的、頑固でありなさい。運命と闘いなさい！　どんなことにも、気がすむまで、しがみつきなさい！　少なくとも、運命がもうたくさんだとあなたから逃げていくまでは。これがプロセス指向的な学びです。人生の各段階を、それが現れるがままに受け入れ、それを生き抜きなさい。すると、自分でも知らないうちに、いつの間にかゴールにたどり着いているでしょう」（藤見幸雄・青木聡訳『うしろ向きに馬に乗る』春秋社）

〝やめたくてもやめられない病〟のメッセージ

私たちにはたいてい、一つか二つ〝やめなくちゃと思っているけど、やめられないもの〟があります。代表的なのは酒、タバコ、コーヒーなどですが、他にもドラッグ、恋愛、子育て、ケーキなどがあり、〝〜中毒〟とか〝〜依存症〟と呼ばれています。

日本の男性の大半は、絶えず忙しく働いていないと落ちつかない〝仕事中毒〟〝仕事依存症〟に陥っている、と言えます。連日連夜の飲み屋の盛況ぶりを見ていると、日本人の成人男性の多くは〝仕事依存症兼アルコール依存症〟にかかっているのではないか、と心配になります。

一方、主婦や若い女性に多いのが〝買い物依存症〟や〝パチンコ依存症〟。ブランド品を見たら、使いもしないのについ手が出てしまう。パチンコ店の前で、あの〝ジャラ、ジャラ〟という音を聞くと、もう我慢できなくなってしまうのです。買い物やギャンブルにはまりすぎて脱け出せなくなり、お金が足りないのでローン地獄に陥って、借金返済のために風俗に働きに出る、という女性もかなりいるようで、ニュースなどで社会現象として取り上げられています。

こうした〝やめたいけど、やめられない病（アディクション）〟に苦しんでいる人もかなり多く、〝病気や症状〟と同じように〝人生の敵〟〝邪魔者〟扱いされています。

しかしPOPでは、〝病気や症状〟〝困った人〟と同様に〝〜依存症〟も、そこから気づきや学びを得られる大切なもの、人生の大切なメッセージを送り届けてくれるものと考えます。〝〜依存症〟、私たちの〝執着〟の対象には、そこに何かスピリチュアルな意味が含まれていることは、これまでにもしばしば指摘されてきました。たとえば、アルコール依存症からの回復過程において、スピリチュアルな体験が生じやすいことが報告されてきたのです。

POPでは、この〝依存症〟にも何か大切な〝意味〟が秘められている、と考えます。アルコールやタバコ、買い物やパチンコなど、私たちの執着の対象も〝病気や症状〟〝困った人〟と同じように、私たちがじゅうぶん生きてこなかった〝私たち自身の一部〟〝私たちの影の部分〟であり、そこから何か、気づく必要のある大切なメッセージを得ていこうとするのです。

次の例は、私の友人の藤見幸雄さんのケース。藤見さんのカウンセリングを受けていたある二十代前半の女性は、いわゆる〝買い物依存症〟。かなりの額のローンを抱えていたようです。

ある時この女性は、買い物をしたくなる時の様子を説明しながら、右手の拳を握り、パンチをするような動作を二、三度くり返しました。それについてたずねると〝野球のピッチャーがストレートを投げ込む時の動作〟だと言います。そこから連想して彼女は「私は、もっとやりたいことはやりたい、欲しいものは欲しい、とストレートに言うべきなんだ」と語りました。

彼女は幼い時、自分の欲しいものややりたいことを素直に口に出せませんでした。大人になってからも恋人や職場の同僚に対して自己主張するのが苦手でした。買い物依存症は彼女に、〝もっと自己主張せよ〟というメッセージを送っていたのです。しかし、このような洞察を得てから後も、彼女の買い物依存そのものはあまり変化しなかった、といいます。

カウンセリングを始めて一年くらい経ったある日、その女性が予約していた時間にほかの人が間違って面接室にやってくる、というアクシデントが起こりました。カウンセラーが面接時間を間違えたと思った彼女は、怒りを込めて「この時間は私の時間です。私とカウンセリングしてください」と言いました。そしてそのことを後のカウンセリングでじっくりと話し合っていくうち、買い物依存が収まっていったというのです（藤見幸雄『痛みと身体の心理学』新潮社）。偶然のアクシデントが意味あるものとして治癒に結びついた、とても興味深い展開ですね。

◎エクササイズ　〃やめたいけど、やめられないもの〃になる

①あなたが〃やめたいと思っているけれど、やめられずに困っているもの〃を一つ選んでください。アルコール、タバコ、甘いもの、コーヒー、恋愛、買い物、パチンコ、子どもへの過干渉……何でもかまいません。今、これといってなければ、かつて執着していた何かをとりあげてください。

②あなたが、それを口にしたり、おこなったりする時の、自分の感覚を思い出してください。それをていねいに味わって、何度も感じてください。そこから何か出てきたら、それを動作にしたり、声に出したりしてください。

③次に、あなたが〃やめたいと思っているけれど、やめられないもの〃そのものに〃なって〃みます。たとえばタバコであればタバコ、甘いものであれば甘いもの、パチンコであれ

ば パチンコの玉や音などに〝なってみる〟のです。その気分をしっかり味わいましょう。その世界（例：タバコの世界、甘いものの世界、パチンコの玉や音の世界）はどんな世界ですか。雰囲気を微細な感覚を使っててていねいに体験し味わってください。その世界のエッセンスをつかんでください。

④その世界から、いつもの自分を見ると、どのように見えますか。何か、言葉をかけてください。メッセージを送ってください。

⑤ふだんの自分に返って、自分が執着しているその〝何か〟の世界はふだんの自分の生活にどのように姿を現しているか、また姿を現していないか、ふだんの自分はその世界をどのように排除し生きてこなかったか考えてください。先ほど受け取ったメッセージをこれからの自分の生活にどのように生かしていくことができるか、自分にたずねてみてください。

私自身の〝やめたくてもやめられないもの〟はコーヒーです。一日に五杯以上コーヒーを飲みますし、コーヒーが切れていて飲みたくても飲めないと、何だかイライラして落ちつかなくなることがあります。

そこで私は、コーヒーについて、このエクササイズに取り組んでみました。

コーヒーの香りを感じながらその世界のエッセンスを感じ取ると、何か、〝とても気品のある世界〟の中に入っていくことができました。そして、その世界から今の自分を見ていると、「もっとオシャレをしなさい。人の視線をもっと気にして、服装や髪形に気を使いなさい。もっとナルシシスティックになりなさい」というメッセージが出てきました。

さて、実行できるやらどうやら……。

ヒント8

昏睡状態は、人生をまっとうする最後のチャンス

――アーノルド・ミンデルのコーマワーク

コーマワークとは何か。
それは、昏睡／植物状態にある人とおこなう心理療法的な〝対話〟。
〝死のプロセス〟をまっとうし、
人生を完成させるための心理学的援助。
死へ向かうか、この世に戻ってくるか、
その決定をおこなうのは、昏睡状態にある本人。

昏睡／植物状態にある人への心理学的な働きかけ

ここでとりあげるトピックは、先に紹介したプロセス指向心理学の創始者アーノルド・ミンデルによる〝コーマワーク〟です。

コーマとは、生命の危機によって陥る昏睡／植物状態を指す言葉。したがってコーマワークとは、昏睡／植物状態にある人への心理療法的な働きかけのことです。

一見、単なる無反応なモノのように見える昏睡／植物状態の人。

しかし実は、昏睡／植物状態にある人の心も、私たちの日常生活とは異なる〝別の意識状態〟においてしっかりと働いています。したがって、側にいる人が、昏睡／植物状態の人のペースに合わせて、その人の心のプロセスから出てくるものにていねいに触れていくならば、昏睡／植物状態の人とも〝対話〟をすることができる。さらに、根気強くかかわっていくうちに、もう二度と意識を戻すことがないと思われていた人でもかなり高い割合で再び覚醒し、この世で〝やり残したこと〟〝言い残したこと〟をやり終えてから、あの世へ旅立つことができる。あるいは、〝自分がそのまま死んでいくか、それともいったんこの世に戻ってくるか〟を自分で決めることもできる、というのです。

コーマワークは、日本ではまだほとんど知られていません。〝ほんとうにそんなことが可能なのか〟と不審に思われた方もいるかもしれません。

しかし、ミンデルらは既にかなりの実績をあげており、アメリカでは、昏睡／植物状態への心理的援助を専門とする人も多く出てきています。また、後で紹介する実例を見ていただければわかりますが、コーマワークはあくまで心理療法的な働きかけであり、何の宗教的な背景にも立っていません。昏睡／植物状態にある人が〝それでもなお、生きるべきか／死ぬべきか〟の選択をするのも、あくまで本人の自己決定、自己選択に委ねられています。

昏睡／植物状態にある人は、当然ながらいわゆる日常現実レヴェルの〝自己意識〟はなく、そのままでは、自分がどうすべきかの選択を自分でおこなうことはできません。その結果、生死という大事な決定を本人ではなく、周囲の人の判断でおこなってしまうことになるのです。

しかし、たとえ元気だった時に「自分は植物状態になってまで、生きていたくはない。潔く、死んでいきたい」――そう言っていたとしても、実際に植物状態になってみないと、〝それでも生きたいと思うか、死にたいと思うか〟はわかりません。

コーマワークでは、したがって、昏睡／植物状態にある人に〝まさに、今・ここで〟自分がなお生きるか死ぬかを選んでもらいます。それによって、自分の生死というこの上ない大事な選択を、ほかの誰かに委ねることなく、自分自身でおこなってもらい、〝死をまっとうする＝生をまっとうする〟お手伝いをするのです。

高齢化が進み、これから〝いかに死ぬか〟がますます重要な課題となってきます。〝死にざまは、生きざまである〟などとよく言われますが、その意味では、昏睡／植物状態に陥った後も〝心置きなく、死にきる＝生ききる〟プロセスをまっとうできるよう援助していくコーマワークは、人の〝死にざま〟を支える活動の決定版、と言えるものでしょう。

ホスピスなどの領域で、これから日本でもますます重要性が高まる分野であり、本書をきっかけに、是非多くの人にコーマワークに関心を抱いてほしいと思っています。

それでは早速、コーマワークの実際を紹介しましょう。紹介するケースはいずれも、アーノルド・ミンデル著『コーマ　死に臨むドリーム・ボディ』（邦訳なし）によるものです。

ババハマへ旅立った男

ミンデルがある病院でカウンセリングをしていた時のこと。ある看護婦が語りかけてきました。「お願いがあります。ある高齢の患者さんなんですが、あんまりうるさくて、他の患者さんの邪魔になってるんです。静かになるよう、何か手伝ってもらえないでしょうか」。

そのうるさい患者の名前はジョン。八十代の黒人男性で、生の淵をさまよい、死ぬことができずにいるように見えました。というのも、看護婦の説明によれば、ジョンはもう半年以上も半昏睡状態にあり、時折、何か意味不明のことをつぶやいたり、唸《うな》ったりし続けている、というのです。こちらから話しかけても、何か意味不明のことを言ったり唸ったりするだけです。

ミンデルがはじめてジョンに会った時も、ベッドに横たわったまま、何か叫んだり、唸ったりしていました。ミンデルはわざとふざけて、こう声をかけてみました。

「よお！　うるせえなぁ。これじゃ、誰も寝れやしないじゃないか！」

何も聞こえないのか、ジョンはあい変わらず唸り続けています。

そこでミンデルはまず、ジョンの声と同じような声を出してみることにしました。

「オー、ウー、ワーオウ、イェーッ」

ミンデルはまた、ジョンの片手をやさしく取り、心臓や脈拍のリズムを感じました。そして、ジョンの呼吸に合わせて、唸り声を出していきました。

その後約二十分間、ミンデルはジョンといっしょに、意味不明の唸り声を発し続けました。

すると突然、その唸り声が、聞き取れる言葉になっていったのです。

「ワオー、イェイ、ノー……オー……」

次の会話は、その後になされたもの。多少長くなりますが、できるだけリアルにお伝えしたいので、ミンデルによる逐語記録をできるだけそのまま紹介します。

ミンデル（ジョンの言葉に付け加えるように）「ワオー、イェイ、信じられねえや」

ジョン（ゆっくり。最初はあいまいに）「ああ……おまえ……おまえ……わかるか」
ミンデル「俺か？……あぁ」
ジョン「ふ～」
ミンデル「ふ～」
ジョン「あぁ……で、で、で、でか～い、ふ、ふ、ふ、ふ～ね～」
ミンデル「で、で、で、でか～い、ふ、ふ、ふ、ふ～ね～……思ってたよりも、ずーっとでっかーいな、そのふ～ね～」
ジョン「あぁあぁ……で、で、でか～い、ふ、ふねがやって来る……俺のために～」
ミンデル「えぇ～、お前さん、その船に乗るのかい？」
ミンデルがそうたずねると、ジョンはいきなり、ありったけの声でこう言いました。
ジョン「いや、乗らねぇ！　俺じゃねえんだ。俺は乗らない」
ミンデル「何でだい」
ジョン「（しばらく間を置いて。咳をしたり、喉で痰を切ったりしながら）……その船は……行くんだ……バケーションに。でも、俺は行かない。俺は朝、八時に起きて、仕事に行かなきゃなんねえ」
ミンデル「俺もそうだぜ。俺もそうなんだ……でも、一つお願いがある。どうしても頼みたいことがあるんだ」

この時ジョンの眼球が上のほうに動いていきました。情報理論では、目玉が上を向く時、人は何かをイメージしていることが多いと言われています。そこでミンデルは、今、ジョンは船をイメージしているにちがいないと考え、その動きに従いながら、こう言いました。

ミンデル「目をしっかり上に向けて……そう、そこにある船をよ〜く見てほしいんだ」

すると、ジョンはおそるおそる、上のほうを見始めました。

ミンデル「そうそう。船の中を、じっくり見るんだ。……その船を操縦してるのが誰なのか。教えてくれないか」

ジョン「ん〜……誰だこりゃ……ん〜……（白目を剝きながら、じ〜っと見て）うわー！ええっ！……天使がいる。天使たちが、この船を動かしてるんだ」

ミンデル「天使だって⁉」

天使が船を動かしている。この言葉を聞いてミンデルは興奮しました。そしてジョンのこの内的なプロセスはしっかり完成させてあげなくてはならない。そのためにジョンはもっと深くプロセスに入っていく必要がある。そうすれば何か役に立つはずだ。そう感じたのです。

ミンデル「ボイラールームを見てくれないか？　そこには誰がいる？」

ジョン（頭を下に動かし、下のほうを見ながら）「ん〜、うわー、ん〜、下のほうには……やっぱり、天使だ……（身体の障害のため、声が出ないにもかかわらず、それでも興奮して大声で）あぁ……あぁ……あああぁ……天使たちがこの船を動かしてるぞ」
ミンデル「天使だって!? うわー！ お願いがあるんだけど……もっと近くに行って、その船に乗るのにいくらかかるか、調べてくれないか」
ジョン「ん〜……あぁ……ん〜……全然かからない……ただ、だ」（この時、ジョンは目玉を左右に動かしました。情報理論では、目玉が左右に動く時、人は、何かを聞いていることが多いと言われています）
ミンデル「えぇ!? 何だって！ ただなんだ！」
ジョン「面白れぇ旅だよなぁ」
ミンデル「だったら、その旅に行ってみるかい？」
ジョン「いや、俺は行かねえよ」
ミンデル「ちょっと聞いてくれ。じいさんは今まで一度も休みをとったことがなかった。ずーっと働きっぱなしだった。そうだろ？ ここらでちょっと旅に出てみるってのはどうだい？ ちょっと行ってみて、もしいやだったら、帰ってくればいい。もし楽しかったら、そのまま行っちゃえばいい。そうしたくなったら戻ってきてもいいし、そのまま行っちゃってもいいんだ。ぜんぶ、自分で決めていいことなんだ。旅に出て、そのままずっと旅先にいてもかまわない。逆にもしここにいたけりゃ、旅なんか行かずに、このままここにいても、かまわない。もし旅に出るんだったら、そこで、いつかまた会おう」

ジョン「そうか。そうか。旅か。バハマか。バ……ハ……マ。あぁ……ん～……働かなくていいんだ」

そう言うとジョンは静かになり目を閉じました。叫んだり唸ったりするのをやめたのです。一息ついたミンデルは、自分の患者のところに戻ってカウンセリングを続けました。そして三十分後、ジョンの様子を見にもう一度やってきました。

すると看護婦はこう告げたのです。「たった今、ジョンは亡くなりました」。

そう。ジョンはバハマへ旅立ったのです。

昏睡状態にあっても、生死の選択は本人に委ねられている

説明しましょう。まず大切なのは、コーマワークにおいては、〝この世に戻るか、そのまま死ぬか〟の選択は、あくまで昏睡状態にある本人に委ねられている、ということです。

ジョンじいさんは何カ月もの間、〝一生懸命働く〟（＝この世にとどまる）ことと〝バハマに旅に出る〟（＝死ぬ）こととの葛藤状態にありました。どちらにも決めることができず、心のプロセスが〝固まって〟しまい、それが〝うめき声〟として表現されていたのです。

しかし、ミンデルのかかわりによって、彼の心のプロセスは再び動き始めました。そしてその中で、しっかりと自分で〝バハマに旅に出る〟(＝死ぬ)ことを選んだのです。

もちろん、この人生でまだやり残したことがあることに気づき〝戻ってくる〟ことを選ぶ人もいます。いずれにせよコーマワークでは、生死の決断を患者本人が自分でおこなうことが、心のプロセスを〝まっとうする〟上で非常に大切であると考え、それを支えていくのです。

言葉を失ってしまっている場合はどうでしょうか。

ミンデルらはその場合も、たとえば、まぶたを少し動かすとか、手の小指を一ミリ動かすといったやり方で〝イエス〟か〝ノー〟かを確かめていくことは可能だ、このやり方を用いれば、相当な割合で昏睡状態にある患者とコミュニケートできる、と言います。

次のサムのケースでこの方法が用いられました。

〝生きること〟を望んだサムの場合

サムは脳幹を損傷し、何週間もの間昏睡状態でベッドに横たわっていました。ひどい発作に襲われ無感覚状態にあり、何に対しても一切反応がありません。いわゆる〝植物状態〟です。

そんなサムの姿を見て、家族は「本人の意思に反して無理やり、生かし続けているのではないか」という罪償感に苦しみました。というのも、かつてサムは子どもたちにこんなことを言ったことがあったからです。「もし私が、長い間続く植物状態になったら、生命を不必要に延ばすようなことはしないでくれ」と。

しかしコーマワークでは、生死の決定は、あくまで〝今・この時・ここで〟の本人の選択によってなされるべきだ、と考えます。

ふつうの状態でも、私たちの考えは、状況の変化に伴い変わっていきます。ましてや昏睡状態にある人の場合、そんな状態に入るのははじめての体験です。実際に昏睡状態になってみなくては、〝生きるか死ぬか〟の選択はできないはずだ。ミンデルらはそう考えるのです。

サムに対してミンデル夫妻はまず、ふつうであれば無意味なものとして見過ごされてしまう、ほんのかすかな目の動きを通して、コミュニケーションを図っていきました。

そして次に、サムの顔の筋肉に軽く触れて、筋肉の反応によって〝イエス〟か〝ノー〟か意思の確認をおこなうことにしました。イエスなら〝口の端をわずかに動かす〟、ノーなら〝何もしない〟という合図を決めたのです。ちなみに、この合図について了解をとりつけるだけで四時間かかったといいます。それほどソフトにソフトに、ゆっくりと働きかけていったのです。この方法で、ミンデル夫妻とサムの間にさまざまな〝対話〟がなされました。

そしてついに、ミンデルは、サムの家族を悩ませていた次のような問いを発しました。

「あなたは生きたいですか？　それとも、このまま死んでいきたい？」

するとその瞬間、サムは、それまでほんのわずかしか動かさなかった口をグワッと大きく開きました。つまり〝生きたい！〟と意思を示したのです。

その後も、ミンデル夫妻のさまざまな問いかけに対して、サムは〝生きたい！〟という気持ちを表しました。また、ミンデル夫妻にインナーワーク（心のワーク）を学んだサムは、〝自分は今、うちなる旅の直中《ただなか》にいて、素晴らしい山に登ったり、新しい女性に出会っている〟というイメージを表現したと言います。そして数カ月後、サムは息を引き取りました。

植物状態での数カ月間。サムは、この世でしておく必要のある心のプロセスをしっかりやり終えた後で、あの世へ旅立っていったように思います。

もし、コーマワークをおこなわず、元気だった時のサムの意思にしたがって、植物状態にあった彼をそのまま死に至らしめていたら……。おそらく、彼はこの世でやり残したことをひきずったまま、あの世へ行ったことでしょう。

昏睡／植物状態でのちょっとした動きにも意味がある

このようにコーマワークでは、たとえ外から見れば植物状態にあり、何の反応も示さない人でも、豊かな心の体験をしていることがあり、まわりの人の働きかけ次第では、イエス／ノーの意思を伝えることもできるのです。

したがってミンデルによれば、いわゆる〝脳死〟と判定された人とも、やり方次第ではコミュニケートし、本人の意思を確認することもできます。そのため、たとえ健康な時に本人の意思を聞いていたとしても、家族や医師が生死の判断をおこなうべきではない、生死の決定はあくまで〝今・ここで・本人によってのみ〟なされるべきだと言うのです。

昏睡状態には、メタボリック・コーマ（新陳代謝機能障害による昏睡状態）とストラクチュラル・コーマ（脳の構造機能障害による昏睡状態）があります。ミンデルらによると前者であれば、コーマワークによってほぼ確実に〝対話〟することができるし、たとえば交通事故などによって脳の構造的な損傷がある場合でも、それが可能な場合もあるそうです。

ただいずれの場合にも、昏睡状態にある人と呼吸を合わせたり、どんなシグナルを発しているかを読み取ったりする、的確で忍耐強いかかわりの専門的訓練が必要であることはたしかです。アメリカでは、このような専門的トレーニングをかなり本格的に受けることができますが、日本ではまだ、訓練を受けた人がほとんどいないのが実情です。

いずれにせよ、コーマワークでは、たとえ昏睡／植物状態にあろうと、生死の決定はあくまで本人によっておこなわれるべきだ、と考えます。これがコーマワークの前提の一つめ。

二つめは、コーマワークにおいては、昏睡状態にある人の心の動きを〝意味のある、したがって理解可能なもの〟とみなす、ということです。

一般に、昏睡状態、特に植物状態にある人の発するさまざまなシグナル、たとえば唸り声、咳、眼球の動き、筋肉の動きなどは、無意味な生理的反応として切り捨てられがちです。医者や理学療法士のおこなうさまざまな働きかけに対して、期待する反応が返ってこないと〝無反応〟とか〝こりゃダメだ〟と思われがちなのです。

しかし実は、その咳や唸り声、眼球の動きは、何かを訴え表現しているのかもしれません。単なる肉体的苦痛の表現ではなく、死にゆく人の心の世界の表現かもしれないのです。

ミンデルらによれば、昏睡状態にある人は、私たちの日常意識とは異なる別の意識状態＝〝変性意識状態〟にあります。

私たちにとって一番身近な変性意識状態は、〝夢を見ている状態〟です。

夢の中で私たちは、現実生活ではとても不可能なこと、たとえば空を飛んだり、別の生き物になったりしますが、しかしだからと言って夢の中の出来事が無意味なわけではありません。夢は心の深層からのメッセージであり、深い意味を持っていることは、ユングら深層心理学者の知見としてよく知られています。

昏睡／植物状態にある人も、夢を見ている人と同じように、私たちの日常的な意識状態とは異なる意識、変性意識の状態にあるのです。

したがって、コーマワークで重要なのは、昏睡／植物状態にある人の発するさまざまなシグナル――唸り声、咳、眼球の動き、筋肉の動きなど――を、日常的な現実の枠から無意味なものとみなして切り捨てるのでなく、それをそのまま、あるがままに（現象学的に）受け止め大切にしていくこと。相手に呼吸を合わせ、言葉のトーンを合わせ、相手のペースに従い、必要あらばそっと刺激してあげること。そのようにして、その人の心の世界がじゅうぶんに展開していくのを助けていくことなのです。

死にゆく人は心の支えを求めている

ミンデルは言います。今日では、かつてなかったほど〝豊かな死に方〟についての理解が深まっている。ホスピスの普及がそうだし、自宅で愛する人に囲まれて死ぬことの意義も見直されている。しかし、今まさに死にゆく人、特に昏睡状態にある人が、その深いところで感じている本人の微妙な感情をケアするところまではいっていない。

私たちにできるのはただ、死にゆく人々のために愛と慈悲を込めて祈ることだけだと多くの人は思い込んでいる。しかし実際は、この思い込みこそが敵であり、その思い込みのために、死にゆく人の心に対する心理学的アプローチの可能性が狭められてしまっている、と。

ミンデルの体験では、死にゆく人の心の内側では、まさにその瞬間に、ものすごく強烈な出来事が起こりつつあります。そしてその、この人生の最期における強烈な体験をしっかり体験した上で死ぬためには、誰かほかの人からの具体的な援助を必要としている、と言うのです。

死にゆく人は、何かに苦しむような表情を見せます。私たちはふつう、これを単に肉体的な苦痛によるものと考えがちです。しかし多くの場合、これは誤解であり、死にゆく人の苦しみの表情は、彼らの〝心の世界〟で起きている強烈な体験を一人では受け止めきれずに困惑しているがためのものである、とミンデルは言います。

また逆に、静かに死にゆく人を見て、私たちはつい、〝この人は心安らかな死を迎えている〟などと思い込みがちですが、そんな人にコーマワークをしてみると、その人が実は、内心では人生で未解決な問題にとらわれ苦しみながら死につつあることがよくあると言います。

死にゆく人は、実は、その内面で起きていることをじゅうぶんに体験した上で死を迎えるための心理的援助を必要としています。にもかかわらず、私たちはそれを見過ごしてしまっているのです。コーマワークは、そのための具体的な方法論を提供してくれるものです。

父の死

私は、コーマワークが早く多くの人に知られるようになってほしい、と切に願っています。

それは、次のような個人的体験があるからです。

もう二年近く前になりますが、私の父が亡くなりました。数日間の昏睡状態の後、容態が急変し、息を引き取ったのです。

医師は、父が昏睡状態に入った後も、死の前日まで「大丈夫です。回復します」と言っており、そのため私たち家族も安心していました。しかし、死の当日になってガンの転移で脳内出血していることがわかり、手の施しようがなく、そのまま死んでいったのです。

数日間続いた父の昏睡状態の間、そのうち意識を取り戻すと医師から言われていた母は、まさかそのまま死ぬのだとは思わず、けれど不思議な気持ちで、「お父さーん」と時折、やさしく声をかけていました。すると、一度だけ「はぁい〜」と父は返事したのだそうです。

結局、これが、父がこの世で発した最後の言葉となりました。

父は、昏睡状態の間、どのような〝心の体験〟をしていたのでしょうか。母の言葉に、どのような思いで返事したのでしょうか。

少し気が短く、子どもっぽくて落ちつきがなかったけれど、でも、とてもやさしかった父。

私がポートランドにあるミンデルの研究所でコーマワークの簡単なトレーニングを受けたのは、父の死からわずか一カ月後のことでした。私は、「もっと早く、コーマワークを学んでいたら、昏睡状態にあった父と最後の〝対話〟ができたのに」と悔やまれてなりませんでした。

あなたの家族が、もし、突然、昏睡状態に入ったとしたら——？

あなたは、その人と〝最後の対話〟をしたいとは、思いませんか？

ヒント9

この世での宿題をぜんぶすませたら、私たちはからだを脱ぎ捨てる

E・キューブラ・ロスの死の看取りに学ぶ

地球に生まれてきて、あたえられた宿題をぜんぶすませたら、
もうからだをぬぎ捨ててもいいのよ。
からだは、そこから蝶が飛び立つさなぎみたいに、
たましいをつつんでいる殻なの。
ときがきたら、からだを手放してもいいわ。
そしたら、痛さからも、
怖さや心配からも自由になるの。

（上野圭一訳『人生は廻る輪のように』角川書店　冒頭の言葉から）

蝶になった子どもたち

あと数日後に死が迫っている。そんな子どもたちに「死んだら、どうなるの？」と、たずねられる。あなたがもし、そんな場面に立たされたとしたら、どう答えるでしょう。

そんな子どもたちに毎日のように接してきたキューブラ・ロス。『死ぬ瞬間』の著者として著名な彼女は、子どもたちに天国に行くのだとは言いません。眠ってしまうのだよ、とごまかすこともしません。そうではなく、蝶のシンボルを使ってこう答えるのです。

「からだは、まゆのようなものなの。で、そのまゆが、もう修理できないくらいに壊れてしまうと、蝶を解き放つの。それは、まゆの中にいることより、ずっと素晴らしいこと。わかってもらえると、うれしいな」

まゆ＝現実の身体。魂＝蝶。このイメージをロスはどこで手にしたのでしょうか。

まだ若かったキューブラ・ロスが訪ねたメーダネック収容所。九六万人もの子どもたちがガス室で殺されたその収容所で、子どもたちが最後の夜を過ごした木造のバラック。

そのバラックの板壁のいたるところに、引っかき傷のようなママやパパへのメッセージが記されている。そしてそれと共に、なぜか小さな蝶のシンボルが刻み込まれていたのです。

「なぜ蝶なの……？」

その時、蝶のシンボルの意味を理解できず、その場に立ちすくんだという若き日のロス。しかしその後多くの人の死を看取る中、「いのちは、どんなふうに去っていくのか」「そしてもし、そんな場所があるとしての話だが、いのちはどこへいってしまうのか？　人は死ぬ瞬間にどんな経験をするのか？」と自問し始めた彼女。その時その問いに答えようとして思い浮かべたのが、若き頃の旅で見た、収容所の壁に刻まれた蝶のイメージだったのです。

ロスは言います。「いまようやく、わかった。囚人たちは瀕死の患者と同じように、この先どうなるのか気づいていたのだ。自分がまもなく蝶になることを知っていたのだ。死んだらこの地獄のような場所から脱け出せる。もう拷問もない。家族と離れることもない。ガス室に送られることもない。この身の毛のよだつような生活とも縁が切れる。蝶がさなぎから飛び立つように、もうすぐ、このからだから脱け出せる。あの蝶の絵は、囚人たちが後世に残したかった死後のメッセージだったのだ」。

このことに気づいてから、ロスは、死とその過程について説明する時、蝶のイメージを使うようになったと言います。

死亡を宣告された後の四つの段階

末期患者とのかかわりの中で〝死にゆく人の心の物語〟を徹底して聴いていったキューブ

ラ・ロス。名著『死ぬ瞬間』の中で、末期患者がその終末期に体験する心のプロセスを彼女は、①否認と孤立、②怒り、③取り引き、④抑鬱、⑤受容、の五つの段階にまとめました。その時彼女が達した結論は、「死は怖くない。死は、人生でもっともすばらしい経験にもなりうる。そうなるかどうかは、その人がどう生きたかにかかっている」ということ。

しかし彼女の関心は次第に、〝死のプロセス〟から〝死後の生〟及びそこへの〝移行〟、つまり〝ある存在状態から別の存在状態への移行〟としての死の問題に移っていきます。

もともと死後の世界などまったく信じていなかったロスが、このような問題に関心を持つに至るには、臨死体験の共通性について知ったことが大きかったようです。

交通事故にあい医師から死亡を宣告されたある女性は、あの世で主人に会ってきて、そしてこの世へ生還してきたと語った。妻子を交通事故で失ったショックから自殺し、やはり医師から死亡を宣告されたある男性は、あの世で家族に再会し、みんな元気であることを確認した上で、この世へと戻ってきたのだ、と語った。ほかにも、〝死にはまったく苦痛が伴わないこと〟〝二度とこちら側に帰ってきたいとは思わなかったこと〟〝かつて愛した人たちと再会し、世にも素晴らしい場所に行き着いた後、しかしそこで「まだその時ではない」という声を聴いてこの世に戻ってきたこと〟など……こうした体験が、多くの臨死体験に共通しており、そのためロスは、これらの体験が真実であると信じるようになったのです。

その結果、最初は死後の世界など信じていなかったロスは、こう考えるようになりました。

「(従来の意味での)死は、存在していない」

「死はこの形のいのちから、痛みも悩みもない別の形のいのちへの移行にすぎない」

ロスはさらに、多くの面接データをもとに、死亡を宣告された後、人が体験する段階を次の四期にまとめています(『人生は廻る輪のように』)。

第一期:肉体から脱け出し空中に浮かび上がる、いわゆる〝体外離脱体験〟の段階。ハッキリした意識を保ったまま、あたかもさなぎから飛び立つ蝶のように、肉体からふわっと脱け出す。自分に何が起こっているか明晰《めいせき》に理解でき、その場にいる人たちの会話を聴いたり、つぶれた車から自分のからだを救出しようとしている人の姿を見たりできる。死の瞬間に親族がベッドサイドで語った言葉を、臨死体験から〝戻ってきた〟多くの人は記憶している、という。

第二期:肉体を置き去りにし、スピリットとかエネルギーとしか言いようのない、存在の別の次元に入っていく段階。どんな場所でどんな死に方をしようと、どこにでも移動することができる。自分が死んで、家族はどんなに悲しむだろうと思ったとたん、一瞬にして家族に会うことができる。たとえ地球の反対側で死んでも、このことは変わらない。救急車の中で死亡したある人は、友人のことを思い出したとたん、仕事場にいるその友人の側に来ていたという。

また、ロスがインタビューした臨死体験からの生還者全員がこの段階で、守護天使、ガイド（子どもの場合、遊び友だち）と出会い、彼らは包むような愛でなぐさめてくれ、先立った両親や祖父母、親戚、友人などの姿を見せてくれたと語ったといいます。

第三期：トンネルや門、橋、山の小道、きれいな川などを通って、最後にまぶしい光を目撃する段階。その強烈な光はエネルギーであり、無条件の愛であることを体験する。興奮が収まり、安らぎと静けさが訪れる。ついに故郷に帰っていくのだという期待が高まってくる。生還者たちはその光について〝宇宙のエネルギーの究極の本源〟〝神〟〝キリスト〟〝ブッダ〟などさまざまな言葉で表現するが、それが圧倒的な愛に包まれている、ということについては全員が一致していた。そのため誰ひとりとして、肉体に帰りたいと望まなかったのである。

第四期：〝至上の本源〟を面前にした段階。それまでまとっていたエーテル状の微細なからださえ必要としなくなり、スピリチュアルなエネルギーそのものに変化する。つまり、人がこの世に生まれてくる前と同じエネルギーそのものに還っていき、存在の完全性を経験する。

走馬灯のように生涯の一コマ一コマを回顧する。自分のとった行動が他者にどんな影響を与えたのか、ほかにはどんな人生を送ることができたのかも示される。「どんな奉仕をしてきたか」が厳しく問われる。あらゆる人のいのちがつながり合い、すべての人の思考や行動が地球上の全生物にさざ波のように影響を及ぼしているさまをまざまざと見せられる。

いかがでしょう。ロスは、臨死体験から〝戻ってきた〟多くの人々との面接調査をもとに、この四つの段階を想定するのです。

ロスみずからの体外離脱体験

ロス自身、体外離脱体験を体験しており、その様子を詳細に報告しています。少し長くなりますが、実にリアルで、あまりに美しい記述なので紹介させてもらいます。

そのとき、奇妙なことが起こりはじめた。最初は、おなかの振動からはじまった。おなかの輪郭は変化していないのに、猛烈なスピードで振動していた。あきらかに筋肉運動ではなかった。思わず「そんなばかな」とつぶやいた。

錯覚ではなかった。横になったままからだを観察していると、もっとふしぎなことが起こった。目をやった先のからだの部分が、片っ端から信じられないスピードで振動しはじめた。振動はその部分の基底層にまでひろがっていった。どこに目をやっても、無数の分子のダンスがみえた。

そのときはじめて、自分が肉体からぬけだしてエネルギーになっていることに気づいた。目の前に、この世のものとは思えないほど美しい蓮の花の群落がひろがった。花はスローモーションのようにゆっくりとひらいていた。ひらくにつれて輝度をまし、色彩が豊かに、精妙なものになっていった。無数の蓮の花はじわじわと寄り集まり、ついには巨大な、息をのむほどに美しい、ひとつの花に変わった。その花の背後から光が差してきた。それがどんどんあかるくなり、まぶしく霊妙な光になった。わたしの患者たちがみたという、あの光とまったく同じだった。

その巨大な蓮の花のなかをとおりぬけて光と一体になりたいという衝動にかられた。抗しがたい引力に吸い寄せられて、光に近づいていった。その霊妙な光こそが長く苦しい旅の終着点だという確信があった。みじんも急ぐことなく、自分の好奇心に感謝しながら、わたしはその振動する世界のやすらぎと美と静けさを堪能していた。……壁も、天井も、窓も、窓外の木々も、みるものがすべて振動していた。

視野はどこまでもひろがっていながら、草の葉から木製のドアまで、細部にわたってその分子構造の自然な振動がみてとれた。畏怖を感じながら、万物にいのちが、心性が宿っているさまをながめていた。そのあいだも、わたしは蓮の花をとおりぬけ、光に向かってゆっくりと移動しつづけていた。そしてついに、光とひとつに溶けあった。あたたかみと愛だけが残った。一〇〇万回のオーガズムも、そのときに味わった愛の慈悲深さとこまやかさにはおよばなかった（『人生は廻る輪のように』より）。

この体験の翌日の朝、ロスは〝人間が感じうる最高のエクスタシー感覚〟を味わった、と言います。草の葉、蝶、砂利など、目に入るすべてのものが分子構造の中で振動しているのが見える。周囲のものすべてに畏怖を感じ、と同時に、森羅万象に恋をしているような気分。イエスが水の上を歩いた時、こういった気分だったのではないか。そう思えてしまう至福の状態で砂利道を歩く。森羅万象に宿る〝いのち〟への目覚め。すなわち、〝宇宙意識〟の訪れ。

いかがでしょう。実に美しい体験だと思われませんか？

こうした体験を踏まえてロスは言います。死には、苦痛も、恐れも、不安も、悲しみもない。あるのはただ、さなぎから蝶へと変容していく時の、あたたかさと静けさだけなのだ、と。私たちがもし、ロスと同じような体験をしたとしたら？　そして、このような素晴らしい体験をした人から、日夜、同じような体験報告を聞かされたとしたら？　そうしたらどんな人でも、〝死は存在しない〟と確信せずにいられないかもしれません。

臨死体験、過去生体験、死者とのコミュニケーション

ところで私たちは〝死は存在しない〟というロスの言葉をどう受け止めるべきでしょうか。それを文字通り〝死後の世界＝霊魂の実在〟を語ったものとみなすべきでしょうか。

一歩下がって、冷静に考えてみましょう。

ロスの発言は、主に、多くの臨死体験者の報告にいくつかの共通点が見出されたこと、すなわち〝暗いトンネルの通過〟〝体外離脱〟〝生前、親しかった他者との出会い〟〝光との出会い〟〝人生のパノラマ的回顧〟といった共通点が見出されたことを論拠にしています。

いったん医師から死亡宣告までされたにもかかわらず蘇生した体験を持つ人々が、口を揃えて同じような体験を報告したのですから、〝彼らは、死後の世界をかいま見たにちがいない〟と考えたとしても、少しも不思議はありません。

また、臨死体験の他にも、〝前世を体験した〟とか〝死者と対話した、コミュニケートした〟という体験の報告は、特にイギリスやアメリカを中心に膨大な数にのぼり、日本でもここ数年さかんに話題になり、今ではこうした体験自体、珍しいことと思われなくなっています。

中でもよく知られているのは、過去生の記憶を持つ人の事例を調査したスティーブンソンの研究。その調査結果によれば、その子が知っているはずのない外国語（真性異言）を突然話し

始める奇妙な現象が見られたといいます。スティーブンソンによれば、その子が覚えたはずのない外国語を話すことができるのは、その子に過去生でその言葉を使っていた記憶の痕跡《こんせき》があるからであり、したがって真性異言の事例は、人間には過去生があり、死後も存在し続けることの有力な証拠になりうると言います。さらにスティーブンソンは、身体にあざがある子どもが、その過去生であざと同じところを弾丸や刀などで痛め付けられて殺された、などと記憶を語ることがあり、しかも調べてみたところ、子どもが語る通りの人物が語る通りの時と場所に実在していた、というにわかには信じがたい、しかしデータに基づいた話が報告されています。

また、ビル・グッゲンハイムとジュディ・グッゲンハイムによれば、アメリカの全人口の二〇%にあたる約五〇〇〇万人もの人々が、既に死んでいる家族や友人と会ったり、言葉を交わしたりといったコミュニケーション体験をしている、といいます。

さらに最近では、イギリスを中心に、ITC(Instrumental Trans Communication)という、電話やファックス、テレビ、コンピューターといった電子機器を通じての、死者の霊とのコミュニケーション体験が頻繁に報告されている、といいますから、驚きです。

これらの体験の報告は私たちに、〝死後の世界は実在する〟〝あの世は存在する〟〝私たちの肉体は滅んでも、魂は不滅である。私たちは生まれ変わるのだ〟ということを、事実として認めよ、とくり返し、くり返し、訴えかけてきているかのようです。

実際、コリン・ウィルソンも言うように、死後の生命の存続を示すこれらの事例の説得力はあまりに強力であり、したがって、最初は疑問に思うにせよ、それらのデータに触れていくうち、その問題点を指摘し続けるのはよほどの頑固者に思えてくるくらいです。

死後の世界＝霊魂実在説をどう考えるか

では、トランスパーソナル心理学では、これらの報告をどう理解するのでしょうか。

魂や霊の実在を認めて、〝死ぬと魂が肉体を離れて霊的な世界に入っていく〟〝肉体は滅んでも、霊魂は死後も存続する。そしていずれ、この世に生まれ変わってくる〟と考えるのでしょうか。それとも逆に、そうした体験はいずれも、脳内の生化学的な異常により生まれる〝幻覚〟であり〝妄想〟であるとみなし、とるに足らないものとして退けるのでしょうか。

話を臨死体験に絞っても、ロスのほかにも、ケネス・リングとか、レイモンド・ムーディといった研究者が、膨大な量のデータを収集・分析し、いずれも、臨死体験者の報告に驚くべき共通点が指摘できることに着目しています。そしてそれをめぐって、〝臨死体験は死後の世界をかいま見た体験であり、したがってそれは霊や魂、死後の世界の実在を証するものである〟という〝死後の世界＝霊魂実在説〟をとるか、あるいはそれは〝幻覚〟であり〝妄想〟であるとする〝脳内現象説〟をとるか、二派に分かれて活発な議論を展開しているのです。

今のところ圧倒的に人気が高いのは、〝死後の世界＝霊魂実在説〟のほうです。しかし立花隆さんのような良識派は、いずれが正しいとも言えない、決着は付かない、という立場をとっています。実際、いずれの説にも根本的な欠陥があるからです。

まず、〝死後の世界＝霊魂実在説〟に対する批判には、次のようなものがあります。

臨死体験にはたしかに〝暗いトンネルの通過〟〝体外離脱〟〝他者との出会い〟〝光との出会い〟〝人生のパノラマ的回顧〟といった共通点があり、そしてそれらの出来事は〝臨死体験＝死にゆく瞬間の体験のリアリティ〟としてはたしかに認めることができる。

しかし、〝死にゆく瞬間の体験〟は〝死そのもの〟とも、ましてや〝死後の体験〟とも明らかに異なっている。したがって臨死体験を、すぐさま死後の世界と直結させ、それを〝死後の世界をかいま見た体験〟と同定するのは、あまりに大きな論理的飛躍である、と言うのです。

また、もう一方の〝脳内現象説〟に対しては、そのような還元論では、体外離脱した臨死体験者が自分の家などに行き、普通に考えればとうてい不可能な情報を手に入れる、といった現象を説明できないではないか、という批判があります。

では、トランスパーソナル心理学では、どう考えるのでしょうか。

トランスパーソナル心理学では、〝死後の世界説〟も〝脳内現象説〟もとりません。つまり臨死体験を〝死後の世界をかいま見た体験〟とみなし、死後の世界や霊魂の客観的実在を説く立場にも立たなければ、臨死体験など脳内の異常による幻覚か妄想にすぎない、と退ける道もとりません。むしろ、そのような客観か主観か、あの世の実在か単なる妄想か、という粗い二元論に立った議論それ自体が、私たちに臨死体験の本質を見誤らせている、と考えます。

トランスパーソナル心理学では、そのいずれでもない第三の道をとります。すなわち臨死体験を〝ある特定の意識状態におけるリアルな現実〟とみなすのです。

これは、どういうことでしょうか。

トランスパーソナル心理学の基本的な方法論は現象学です。

現象学では、私たちの意識と無関係に実在する〝客観的現実〟というものの見方そのものを背理として退けます。私たちの知る現実はすべて〝意識された現実〟であり、私たちの体験する世界はすべて〝体験された世界〟であって、私たちと無関係に存在する客観的現実とか客観世界などというものはありえない。そのようなものの見方自体が、既に誤りを含んでいる、と言うのです。そして、すべての事物は私たちの意識の内側で〝意味〟を獲得していく。事物や世界が〝存在する〟とは、実は、それらが私たちの意識において〝意味〟を獲得する、ということなのだ。そう考えます。これが、いわゆる〝現象学的還元〟という考えの骨子です。

この現象学的還元という方法論から私たちが学べること。それはまず、臨死体験をめぐる

〝あの世＝霊魂の客観的実在〟か〝単なる妄想か〟という問いの立て方そのものが不毛である、ということです。〝意識〟というものの本性上、私たちは〝意識の外〟には一歩も出ることができません。したがって当然、〝あの世〟や〝死後の世界〟〝生まれ変わり〟の客観的実在について確かめることは、私たちの意識の本性からして、原理的に不可能なのです。

現象学というフィルターを通せば、臨死体験についての問いの立て方が、こう変わるはずです。つまり、〝霊魂の実在か妄想か〟という問いから、〝臨死体験におけるさまざまな現象が私たちにとって持つ本質的な意味とは何か〟という問いへと。すると、臨死体験をはじめとする種々の特異な体験は、通常の日常意識とは異なった〝ある特別な意識状態における現実の体験〟であると、そんなふうに言うことができるのです。

魂の世界のリアリティ

〝特別な意識状態〟？　そりゃ何だ、と思われた方もいるでしょう。

それはたとえば、夢見の状態。あるいは、宗教的な覚醒体験や宇宙や大自然との合一といった日常とは異なる意識体験。トランスパーソナル心理学ではこれら通常と異なる意識状態を〝変性意識状態（オルタード・ステイツ・オブ・コンシャスネス）〟と呼びます。

そしてこうした体験は、私たちの日常の意識体験と同じ土俵で扱ってはその本質的な意味を理解しえず、それをほんとうに理解するには、それぞれの意識状態に応じた科学（＝状態特定科学）が必要であると考えて、そうしたスタンスで神秘体験や臨死体験をはじめ、宇宙との合一体験、体外離脱体験、前世の体験、死者とのコミュニケーション体験といったさまざまな特殊な体験の本質的な意味を、そのあるがままに、その体験そのものに語らしめる、という仕方で、現象学的に捉えていこうとするのです。

そこに貫かれているのは、いかに特殊な体験であれ、無意味な〝幻覚〟〝妄想〟などと切り捨てることなく、「それが起こるからにはその体験には何か大切な意味が秘められているはずだ。ならばそれを明らかにしていこう」という〝事象そのもの〟に語らしめる現象学的態度。

といって、これらの体験は〝死後の世界〟や〝生まれ変わり〟の客観的実在の証拠たりうると短絡的に考えるのでもなく、こうした体験はいずれも〝それぞれの特殊な意識状態における、きわめてリアルな現実〟を示している。私たちの〝現実〟とは、決して唯一の固定されたものではなく、〝それぞれの意識状態ごとの現実〟がある。臨死体験者がその特殊な意識状態において、いずれも〝体外離脱〟〝光との出会い〟〝人生のパノラマ的回顧〟などの共通の体験をするのはそのためで、たとえば夜の夢から私たちが人生の大切なメッセージを得ることができるのと同じように、臨死体験や前世の体験をはじめとした変性意識の体験から、私たちは、日常意識では得ることのできない人生の重要な〝真実〟を学ぶことができる。そう考えて、生き方としても、研究対象としても、これらの体験をとても大切にするのです。

つまりそこで開示されるのは、〝心の世界の真実〟。〝魂の世界のリアリティ〟。イスラム学者アンリ・コルバンの言う〝イマージナルな体験〟の持つ圧倒的なリアリティ。単なる〝空想〟や〝想像〟とは異なる、私たちの意思によっては動かしようのない〝現実〟。私たちの体験は、いかなる体験も心的体験であり、私たちの体験しうる世界は、いかなる世界も心的世界である、ということ。したがって、いかなる体験、いかなる世界のリアリティも〝こころのリアリティ〟でしかありえない、ということ。

このことを踏まえなければ、私たちは、臨死体験や前世体験といった特殊な体験から何を学ぶことができるかのポイントを外してしまい、不毛な議論に陥ってしまいます。

そもそも、〝死後の世界〟や〝生まれ変わり〟を〝実証しよう〟とする構えそのものが、既に通常の意識の働き。臨死体験や前世体験といった特殊な意識状態での体験にアプローチするには、相応《ふさわ》しくない構えなのです。

＊それでもなお〝死後に何が残るか〟に関心がある方は、次の本を参考のこと。ゲイリー・ドーア編　笠原敏雄ほか訳『死を超えて生きるもの』（春秋社）。死後生について、著名なトランスパーソナル心理学者らがギリギリの線で知的な議論を展開しています。
中でも私に最も説得的だったのは、哲学者にして超心理学者のM・B・ウッドハウスによる次

の考え。ウッドハウスによれば、死を越えて生き続ける実体としての自己は初めから存在していない。死において私たちがそこへと帰っていく存在の究極の基盤、目に見えるものも見えないものも含めた万物の源、それは、あえて言葉にするなら、あらゆる形を越え、あらゆる差異を越え、あらゆる言葉を越えた〈エネルギー＝意識〉とでも呼ぶほかないもの。ウッドハウスは、この〈エネルギー＝意識〉一元論により、死後、魂は肉体から離脱する、という古典的な霊肉二元論や、すべては結局脳の働きにすぎない、とする古典的唯物論、その双方の難点を克服しようとするのです。

いのちは廻る輪のように

最後にもう一度、キューブラ・ロスの話に戻りましょう。ロスの多くの言葉から、私たちは何を学べるでしょうか。彼女が描いた〝いのち〟の形とは？

ロスの言葉の中でも、最も多くの人を感動させたのは、医師から余命三カ月と宣告されたダギーという九歳の少年とのやりとりでしょう。

ダギーはたずねます。「大好きなロス先生。あと一つだけ聞きたいことがあります。いのちってなんですか？　死ぬってどういうこと？　どうして子どもが死ななくちゃいけないの？」

ロスは答えます。「ほんの短いあいだだけ咲く花もあります――春がきたことを知らせ、希望があることを知らせる花だから、みんなからたいせつにされ、愛される花です。そして、その花は枯れます――でもその花は、やらなければならないことをちゃんとやり終えたのです」。

このロスの言葉から、私は、哲学絵本『葉っぱのフレディ』を思い出します。一枚の葉っぱにすぎない自分は枯れ果て、死んでいくけれど、〝いのちそのもの〟は永遠に生き続ける。しかし、いやだからこそ自分は、葉っぱとしてのいのちをまっとうしなくてはならない。

ロスの描く〝いのち〟のイメージもほぼこれと同様。死は決して恐れるべきものではない、と説くと共に、与えられたいのちを生ききることに対しては、非常に厳しいまなざしを注ぎます。自殺についてもきわめて否定的で、次のように語ります。

「自殺によって人は、自己をあざむき、学ぶはずだった教訓を学ぶことができなくなる恐れがある。そうなると、卒業して次のレベルにすすむことができずに、もとにもどって、はじめからやりなおさなくてはならなくなる。たとえば、恋人を失って生きる望みがなくなり、自殺した娘は、喪失への対処法を学ぶために戻ってくる。そして、喪失の受容を学ぶまで、喪失が連続するような人生を送ることになるかもしれない」

とりようによっては、おそろしく厳しい言葉ですね。

しかし、ここでロスが言わんとしているのは、次のことでしょう。

愛する人との別れ、半生を費やしてきた仕事の失敗、リストラによる失職、不治の病、子どもの病死や重い障害など……。何か大切なものを失って、みずから死んでしまいたくなるほど辛い時。しかし、そんな時こそ実は、この上ない〝学び〟のチャンスである。その恐ろしい喪失、その辛さに耐え、それでも前向きに生きていくことができるかどうか。それこそ人生最大の試練であると共に、最高の学びのチャンスであり、私たちはそのチャンスを生かせるかどうか、苦しみを成長の機会に転じうるかどうか〝試されている〟のである。

そして、その試練に合格したなら？

「学ぶために地球に送られてきたわたしたちが、学びのテストに合格したとき、卒業がゆるされる。未来の蝶をつつんでいるさなぎのように、たましいを閉じこめている肉体をぬぎ捨てることがゆるされ、ときがくると、わたしたちはたましいを解き放つ。そうなったら、痛みも、恐れも、心配もなくなり……美しい蝶のように自由に飛翔して、神の家に帰っていく」。さなぎから飛び立つ蝶のように、からだを脱ぎ捨て飛翔し続ける私たち。次第に、それまでまとっていたエーテル状の微細なからださえも必要としなくなり、宇宙の根源であるエネルギーそのもの、一切の形を持たないエネルギーそのものに帰っていく。そしてまた、何らかの〝形〟をまとってこの世に降りてくる。

それは、岸辺に打ち寄せた〝波〟は砕け散り、〝海〟に帰っていくけれど、またいつか

〝波〟になっていく、というイメージ。

この世の形あるもの（＝色）の実相は、いかなる形も持たない〝空〟であり（色即是空）、また〝空〟はそのままで形あるものに等しい（空即是色）という果てしなき循環。

いのちは廻る、輪のように。

果てしなく廻り続ける輪のような、円還的な〝いのち〟。

〝この世での私のいのち〟は、たとえ形は違っても、〝遠い過去の私のいのち〟とも〝はるか未来の私のいのち〟とも、そして時空を越えて、すべての〝いのち〟ともつながっている。もとは〝一つのいのち〟である、という〝いのちのつながり〟のイメージ。

ロスの言葉は私たちに、こうしたいくつものイメージを泡立たせ、それを味わいながら生きていくことの大切さを教えてくれているのではないでしょうか。

終章

〝見えない次元〟への二つのアプローチ

二つの異なるアプローチ

本書でこれまで紹介してきた理論が、心理学のさまざまな立場の中でどのような位置づけにあるのか。そのことを最後に、簡単に整理しておきたいと思います。

心理学にはさまざまな理論がありますが、大きく言うと、二つの立場に分かれます。

一つは、〝因果論的アプローチ〟。これは、心の病や人間関係の問題の〝原因〟を過去に求め、その〝結果〟として、今ある問題を説明しようとする立場です。

たとえば、ある母親がどうしても子どもを愛することができず、つい暴力を振るってしまうとします。こんな時、〝因果論的アプローチ〟ではこう考えます。〝この母親が子どもを愛せず暴力を振るってしまうのは、母親自身、子ども時代に辛い体験をしており、何らかの心の傷(トラウマ)を抱えているからだろう〟と。このように、〝過去についた心の傷〟に現在の問題の〝原因〟を見出すのが、心理学における〝因果論的アプローチ〟。その代表例はフロイトの精神分析で、先頃流行《はや》った〝アダルトチルドレン〟の考えも因果論に属します。

これと別の立場は〝目的論的・現象学的アプローチ〟。この立場では、心の病や人間関係の問題の〝原因〟を過去に求めてその問題を〝説明〟しはしません。その人が何で悩んでいるのか、どうして次々と問題を引き起こすのか、その〝原因〟を説明することが重要だとは考えないのです。そうではなく、それらの病や問題が起きるからには、そこには何か〝意味〟があるはずだ。すべては、人生の流れの中で起こる必要があるから起こっていること、起こるべくして起こっていることで、そこには何らかの〝意味〟や〝目的〟があるはずだと考えるのです。

大切なのは、今さら過去に戻って〝過去の原因探し〟をすることではない。そうではなく、それらの出来事が今、起こっていることには、どんな〝意味〟や〝目的〟があるのか。それらの出来事を通して、人生は何を教えてくれようとしており、どのようなメッセージを届けてくれているのか。それを摑み出し、これからの生き方に生かしていくことが大切で、そのためには、それらの出来事をただ虚心に〝見つめ〟〝味わう〟こと、すなわち、現象学的にそれらの出来事にかかわり、その〝隠れた意味〟が浮上してくるようにするべきだ、と言うのです。本書で紹介したアプローチはいずれも、こちらに属します。

私がここで指摘しておきたいのは、いわゆる人間を越えた次元、〝見えない次元〟に対するアプローチにも、実は、この二つの立場がある、ということです。

因果論的アプローチ①〝生まれ直し〟の心理学(再誕生心理学)

〝見えない次元〟に対する因果論的アプローチで最も代表的なのは、〝生まれ直しの心理学(再誕生心理学)〟と呼ばれているものでしょう。この心理学では、私たちの心の傷の最も深い層は〝出生の時〟についてしまっている。だからもう一度、心理的に〝生まれ直す〟こと、つまり誕生を〝再体験〟することで私たちの心の傷は癒されると考えます。

たとえば〝リバーシング〟という方法では、特殊な呼吸法を使って文字通り、赤ん坊のような恰好《かっこう》になって〝生まれ直し〟を再体験します。それにより心の傷からの解放を図るのです。

また、似たようなアプローチにスタニスラフ・グロフが開発したホロトロピック・ブリージングという呼吸法があります。通常三〇人くらいのグループで横になり、喚起的な音楽に合わせて〝できるだけ深くて速い呼吸〟を続けていく。ただそれだけのシンプルな方法ですが、これを続けていくと、自分の過去、とりわけ幼児期の不満や苦しみ、心の傷などが強い感情と共に浮かび上がり、文字通り〝出生前後の体験〟が蘇ることもあります。実際このセラピィの体験中に胎児の姿勢をとったり、胎児が産道でもがくような動きをし始める参加者は多く、セラピィの中でこうした体験を徹底的に再体験することで劇的な治癒が起こりうると言うのです。

なぜか。グロフによれば、子宮から産道、そして誕生へという〝出生のプロセス〟をどう体験するかによって、その人の人生の基本的な青写真がつくられてしまうからです。そのためたとえば、産道を通っている途中で気絶したりして、この出生のプロセスをきちんと乗り切れなかった場合、人生の最初のプログラムの中に〝物事を最後までやりとげる〟という青写真ができあがらず、そういう人は、人生で何か困難な課題に直面すると〝最初は調子がいいが山場になると投げ出してしまう〟パターンを身につけてしまう、と言うのです。そして、このパターンから脱け出す道はただ一つ、出生体験でついた心の傷は、やはりもう一度心理的に出生を再体験することによってのみ癒される、というわけで、一般には幼少期までの枠で考えられている〝心の傷（トラウマ）〟理論を出生時まで拡げたのがグロフの心理学、ということになります。

グロフの心理学の全体像はなかなか奥深く一筋縄ではいきませんが、少なくともこの部分だけ見れば、かなり典型的な因果論的アプローチをとっていると言えるでしょう。

因果論的アプローチ②〝生まれ変わり〟の心理学（前世療法）

もう一つ、〝見えない次元に対する因果論的アプローチ〟の中で、最近流行っているものに〝生まれ変わり〟の心理学があります。輪廻転生の心理学です。

肉体は滅んでも魂は滅びず、いったんバルド（中間生＝あの世）に行く。そして再び次の世に、別の肉体をまとって〝生まれ変わる〟。そしてその際、前世のおこないは業《ごう》（カルマ）として現世に伝わっている。さらに現世のおこないも業（カルマ）として来世に残されていく。

私たちがこの世に生まれてきたのは前世で残した課題があるからで、その課題を果たすために私たちはこの地上に送られてきた。だから私たちは、その務めを果たさなくてはならない。

その務めを果たした時はじめて、私たちの魂は輪廻の輪から解き放たれていく。

たとえば、夫の浮気を許せず、怒りのあまり殺してしまった人は、〝人の過ちを許す〟という課題を、前世から現世に持ち越している。だからこの世でもまた、その人は、さまざまな人の過ちに苦しめられなくてはならない。あるいは、前世で仕事の責任を果たせず自殺した人は、この世でも、重い仕事の責任を負わされる、という同じ試練に出くわして〝魂の成長〟を試される。人生は、みずからの魂を磨く修行の場。試練の場である。そんな思想です。

苦しくて、辛くて、たまらなくて、すべてを投げ出したくなった時、私たちは〝なぜ、私は苦しまなくてはならないのか〟〝ほかの誰かではなく、ほかならぬこの私が、この辛い運命を生きなくてはならないのは、なぜなのか〟と叫び声を発します。業（カルマ）の思想は、こうした魂の叫びに、一つの答えを、一つの〝意味〟を与えてくれる物語です。科学的でも合理的でもないけれど、辛く苦しい人生を生きている多くの人々を支えている〝こころの世界の真実〟として、これはこれで、たいへんに大きな価値があると私は思います。

アメリカでは、今、この〝カルマの物語〟が大流行。街の〝心霊フェスティバル〟では、〝手相占い〟や〝オーラ占い〟と並んで〝前世占い〟屋さんが、店を出していました。

こうして、古くからある〝カルマの物語〟が新たに現代的な装いをまとって人気を博したのは、ご存じのように〝前世療法（パストライフセラピィ）〟の流行によるところ大です。

精神分析では〝幼い頃の心の傷〟が、グロフの心理学では〝出生時の心の傷〟がその人を一生苦しめると考えます。これに対して前世療法では、ついにそのスパンを〝前世〟まで拡げ、〝前世での心の傷〟がその人を苦しめている、と考えます。そして、いずれのセラピィも治療の原則は同じ、〝心の中での再体験〟で、前世療法では〝前世での忌まわしい出来事〟を退行催眠によって思い出し、リアルに再体験することで心の傷からの解放を図るのです。

たとえば『前世療法』（PHP文庫）の著者ワイスが治療したキャサリンという女性は、生まれてからずっと、喉が詰まって息ができなくなる恐怖に怯えていました。しかし退行催眠療法の最中に約四百年前の自分の過去生、すなわち、村を襲った洪水か津波に襲われて、次第に息ができなくなり、抱きしめていた赤ん坊ももぎ取られてしまう、という恐ろしい体験をリアルに思い出し、さらにその後、自分の過去生を次々と思い出すという体験をしてからは、恐怖感がすっかり消えてなくなった、というのです。また、同じように催眠状態に誘導し過去生を思い出させることで、多くの人が、情緒障害や薬物中毒、アルコール中毒、人間関係のトラブルなど、人生でくり返し生じる破壊的な行動パターンを止めることに成功したといいます。にわかには信じがたい、と思われる方も多いでしょう。

しかし私は、この問題について〝客観的真偽〟を問うのはナンセンスだと思います。

それは、主観でも客観でもない〝第三の意識状態〟＝〝変性意識状態におけるまぎれもない現実〟として捉えるべきことだからです。それは、イスラム学者アンリ・コルバンが単なる主観的な想像や空想と区別して使う〝想像界（イマージナルな世界）でのリアルな出来事〟。その特定の意識状態においては、まぎれもない〝こころの世界の真実〟として捉えるべきものなのです。心理学者チャールズ・タートは、こうした〝こころの世界のリアリティ〟、つまり〝何が現実か〟は各意識状態ごとに異なっており、したがって、それぞれ特定の意識状態ごとに真偽を問うていく〝状態特定科学〟を準備すべきであると主張しています。

〝見えない次元〟への目的論的現象学的アプローチ

今、〝見えない次元〟に対する因果論的なアプローチをとる心理学を紹介しました。

私はこれらを否定するつもりはありません。たとえばカルマの物語が生きる支えとなり、それによってこの辛い人生を耐えることができるなら、それはとても素晴らしいし、大きな価値があると思います。また、再誕生心理学のセラピィや前世療法によって、それまでの苦しみから脱け出すことに成功した方もたくさんいます。そのことは心から祝福したいと思います。

しかし、プロのカウンセラーとしての目で見ると、若干の問題がなくはありません。

たしかに〝あなたは過去にこういう辛い出来事があって、心がこんなふうに傷ついていて、だから今こうやって苦しんでいるんですよ〟といった〝因果の物語〟が与えられると、それまで何だかよくわからずただ苦しい、という感じでいたその苦しみに〝そうか、だから私は苦しんでいたんだ〟と〝意味〟が付与されて、すーっと楽になれる、という利点はあるようです。

しかし、いったんこうした〝因果の物語〟を与えられた患者やクライエントの多くは、ずっとその物語にしがみつき、固執して、変わろうにも変われなくなってしまうことが多いのです。あるいは〝過去にこんな辛い体験をした私は、立ち直れるはずがありません〟とすっかり〝犠牲者の役割〟にはまってしまい、そこから脱け出せなくなって、治療者やカウンセラーへの依存を強めてしまうこともあるでしょう。〝カウンセラー漬け〟の状態に陥るのです。

一方、目的論的現象学的アプローチでは、そのような危険性は相対的に低いと言えます。目的論はあやふやだ。〝過去のその出来事のせいであなたは苦しんでいる〟とか〝前世のその出来事のせいで、あなたはいつも男の人に裏切られるのです〟などと因果論的に〝原因〟をズバッと指摘してほしい、と思われる方もいるかもしれません。

目的論的現象学的立場では、そのような〝因果の物語〟を与えはしません。しかしその代わり、この人生で起こるすべての出来事には意味がある、何か必要があるから起こっているのだ、必要だから人生のプロセスが運んできてくれたのだ、と考えて、それをじっくり味わおうとします。そのメッセージを受け取り、これからの人生に自覚的にいかしていこうとするのです。本書で紹介したプロセス指向心理学、フォーカシング、フランクル心理学などは、いずれも大きく言えばこの立場に立つものです。

〝アダルトチルドレン〟論とはどう違うか

さてここで、本書の癒しのヒントが別のタイプの癒しとどう異なるかについても若干触れておきたいと思います。それにより、本書の位置づけもより明確になると思われるからです。

まず、斎藤学さんの〝アダルトチルドレン〟論との違いについて。

私は、基本的には、アダルトチルドレンという概念を拡大解釈して普及させた斎藤学さんの仕事には、たいへん大きな意味があると思っています。

周囲との調和を重んじる日本社会。〝まるく収める〟ことばかり重んじられ、〝自分〟を出すことは必ずしも歓迎されてきませんでした。自分を抑えることに慣れっこになり、〝自分を出せない〟〝自分がわからない〟日本人が大量生産されてきたのです。しかしこれまで私たちには、そんな自分の状態に気づく、その機会すら与えられてきませんでした。

そこに入ってきたのが〝アダルトチルドレン〟(子ども時代を子どもらしく過ごせなかったため、自分らしい人生を生きられなくなった人)という言葉。この言葉のおかげで多くの人が、いかに自分を抑えろと強要されてきたかに気づくことができました。これが〝功〟の部分。

一方、〝罪〟の部分は、この考えが先と同じ、因果論をとっていることに由来します。

〝私はあの親にあんなふうに育てられたから、こんなふうになってしまったんだ〟というトラウマの〝物語〟がいったん与えられると、それを変えようのない固定的な〝事実〟であると思い込み、そこから脱け出られなくなる人が出てくるのです。私的なトラウマの〝物語〟は本来、主観的な意味づけであり、解釈でしかありません。しかしそれが実体視され、客観的な〝事実〟であり〝原因〟であるとみなされてしまうと、その人はその物語から脱け出すのが困難になってしまうのです。またこれは、カウンセラーへの依存の強化、〝カウンセラー漬け〟の状態にもつながります。

本来、カウンセリングの目的は、相手の〝自立〟を促すことにあります。新たに問題や悩みが生じても、その問題や悩みに自分で対処できる人間になってもらうことを目指すのです。そしてそのためには、自分のトラウマの〝物語〟があくまで主観的な〝物語〟でしかないこと、自分で自分を理解するために編み出した〝意味付け〟であり〝解釈〟でしかないことをわかってもらう必要があります。つまり、トラウマの〝物語〟は絶対的な真実ではなく、いずれ別の物語に編み換え可能なものであるということを学んでもらう必要があるのです。

本書で紹介したプロセス指向心理学のワークはいずれも、そうしたトラウマの物語の〝書き換え〟の試みであると言えます。それまで〝自分は被害者である〟と思い込み、そのような物語にとらわれていた人に、今度は〝加害者〟の立場、〝病や症状、問題をつくりだしている側〟に立ってもらい、その立場から自分や問題を新たに見つめ直してもらおうとするのです。

トラウマの〝物語〟を与えるアダルトチルドレン理論は〝因果論〟に立っており、それゆえ、その人の苦しみの〝理由〟は説明してくれるけれど、逆にそこから人を脱け出せなくさせる、という弊害があります。これに対して、さまざまな悩みや問題から人生のメッセージを得ていこうとするプロセス指向心理学の〝目的論〟は、そうした物語の〝書き換え〟にかかわるものであり、〝因果の牢獄〟からの脱出をもたらしてくれるものと言えるでしょう。

意味か強度か――宮台真司批判、再び

若い読者から癒し手の役割を期待されている人に、社会学者の宮台真司さんがいます。

宮台さんは日本人の多くが〝よい学校、よい会社、よい生活〟という高度成長的な意味や物語にいまだに固執しているから、いろいろとおかしなことが起きるのだと言います。むしろ、現代社会はそのような意味や物語を求めても得られない社会であり、いちはやく成熟社会となったヨーロッパと同じように、日本人も今後、生きる意味や物語を求める生き方から解脱し、〝今、ここ〟の充実や快楽、体験の濃密さ（強度）を求めて生きる生き方に転換せよ、と言うのです。

この〝まったり革命〟のスローガンは、〝意味から強度へ〟。

そして、大人たちがいまだに高度成長的な生きる意味にとらわれてしまっているのに対し、若者の多くはそこから解脱し、人生に意味なんかないと悟って、今・ここの楽しさを追求する生き方への転換を体験しつつあると言います。そしてその姿の一つを、今時の女子高生に見るのです。宮台さんが〝ブルセラ学者〟〝援助交際擁護派〟と呼ばれる所以《ゆえん》です。

私は以前に『〈宮台真司〉をぶっとばせ！』（星雲社）という勇ましいタイトルの本を出しました。私は、彼の物言いにどこか釈然としない不全感を感じていましたし、また多くの人が同様に不全感を感じているのを知りました。そこでその不全感に形を与えたのです。

しかし実は私は、宮台さんの主張の大半は当たっていると思います。たしかに私たち現代人は、どれほど熱心に〝生きる意味や物語〟を説かれたところで心が動かなくなっています。〝こう生きるべき〟という一般的な〝正しい物語〟には、たとえそれが正しくても、〝そりゃそうでしょ〟〝だからどうしたっていうの〟という反応しか出てこなくなっているのです。

私が宮台さんの主張に無理があると思うのは、〝意味〟と〝強度〟、〝物語〟と〝体感〟の二分法に立っているところです。

今さら観念的な意味や物語を説かれたところで心が動かされないのはたしかですが、サッカーやダンスやセックス、ドラッグなどによって、強度や濃さを得よ、と言われても、やはり同じようについていけない感じだけが残る。これが多くの人の実感ではないでしょうか。

私たちトランスパーソナル心理学者がワークショップなどの場で目指すのは、〝意味〟と〝強度〟、〝物語〟と〝体感〟の〝あいだ〟、もしくは〝両者が一つになった体験〟です。

心の中でいろいろなイメージを豊かに生み出しながら、それを身体感覚で感じてみたり、実際にからだを使って演じてみて、そこからおのずと出てくる動作にしたがってダンスを踊ったりする。こうしたセラピィの体験はある意味で現実以上にリアルであり、強度があり、濃密さがある体感の世界。しかもそこで、私たちは一人一人異なった、言わばオーダーメイドの〝生きる意味や物語〟を紡ぎ出し、創造し、変容していくプロセスを味わうのです。

人間は、観念的な意味や物語だけでも生きられないし、刺激的な強度や体感だけでも生きていくことができません。一人一人の人間が、自分のからだの実感に触れながら、自分なりの生きる意味や物語を紡ぎ出し、また変容していくプロセス。これこそまさに濃密で、リアルな体験の世界であり、カウンセリングや心理療法が生み出そうとしているのは、こうした体験です。したがって〝意味か強度か〟〝物語か体感か〟ではなく、〝濃密な体感を伴う意味と物語の創造のプロセス〟〝体感される意味〟こそ、今、私たちに求められているものなのです。

このような体験が可能になるには、まず、宮台さんが言う〝意味からの解脱〟が必要になります。つまり、すべての人に当てはまる生きる意味や物語などないのだ、と知ることが、まず必要となるのです。しかし、それができたら次に、私たちは自分の主観の世界に深く深く分け入っていかなくてはならない。そしてその、深い心の世界で私たちが体験する意味や物語には、個を越えた普遍性を見出すことができるのも、またたしかなことなのです。

〝深く個に徹すれば、そこに普遍が見出される〟。これが、こころの世界の真実です。

大人の魂の遊びの世界

もう一つ、これが可能になるには、自分のさまざまな体験のいずれとも直接的にでなく〝間《ま》〟をとってかかわること、そして一つ一つをじっくりと〝味わう〟姿勢を保つことが必要です。

これは、ある意味でたいへんに成熟した態度、大人の態度です。どれも本当ではなく嘘でもない。またどれも本当であり嘘でもある。そうした姿勢を保ちながら、自分の中から出てくる心の世界をじっくりと味わい、楽しむ姿勢です。

そういう意味では、トランスパーソナル心理学の世界とは、大人の心の遊び、大人の魂の遊びの世界である。リアルで濃密な〝こころの遊び〟〝魂の遊び〟を通して自分の世界が広がり豊かになっていく、贅沢な世界である。そう言っていいと思います。

私自身、トランスパーソナル心理学にかかわっていると、心や魂のテーマパークで楽しく遊んでいるうち、いつの間にか自分の心や魂が耕され、豊かになっていることに気づかされた、といった体験をすることがしばしばあります。まるで、豊かな味のワインを楽しんでいるうちに、人生で大切なことにいつの間にか気づかされてしまう。そんな心理学。

私がトランスパーソナル心理学を好きなほんとうの理由は、多分、ここにあるのです。

エピローグ

いかがだったでしょう。

何か、みなさんにとって生きるヒントになるものが一つくらい、見つかったでしょうか。

私が今、気になっているのは、次のことです。

私にとってこの本は、一人で書いた本としては一二冊めの本になります。

その中には、本書のほかにも『どんな時も、人生に〝YES〟と言う　フランクル心理学の絶対的人生肯定法』（大和出版）、『〈むなしさ〉の心理学　なぜ満たされないのか』『トランスパーソナル心理学入門　人生のメッセージを聴く』（いずれも講談社現代新書）など、一般の方向けの本も何冊かあります。いわゆるセルフヘルプの本です。

これらの本を書き終えると、いつも心配になるのは、「この本を読んだ後で、次のような気持ちになる方はいないだろうか」ということです。

毎日、生きるのが辛くて、心が渇ききっている。そんな自分を何とかしたいと思ってこの本を読んでみたけれど、だめだった。

〝人生の闇に光を見出す〟とか〝逆境をチャンスに変える〟なんて言葉にひかれてこの本を手にしたのだけれど、そんなこと、やっぱり、できそうにもない。

こんな私（僕）、やっぱりだめなんだろうか……。

もしあなたが、こんなふうに思っていたとしても、大丈夫。それは、ぜんぜんふつうです。

〝ほんとうの生きがい〟なんて、そんな簡単に手に入るものではありません。

たしかに私はこの本で、〝ほんとうの生きがい〟を実感しながら生きていくためのヒントを示しました。お手軽な癒し、たとえば「一日三分、鏡の前で自分の姿を眺めながら〝あなたは大丈夫〟〝あなたは素晴らしい〟と声をかけよう」などといった、薄っぺらな自己肯定法（ポジティヴ・シンキング）とは異なる、生きるヒントを説きました。

私たちカウンセラー（心理療法家）は、このようなお手軽な癒しや励ましでは決して癒されもしなければ救われもしない人たちと、日々おつきあいしているからです。自分を好きになりたくても、なれない。そんな方々といつもお会いしているから、深い傷や悩みを抱えた人には、薄っぺらな自己肯定法ではちっとも通用しないことを身にしみて知っているのです。

深い自己肯定、ほんとうのポジティヴ・シンキングとは、美しい私、素晴らしい輝く私をイメージしてそれを愛することではありません。そうではなく、どうしても自分の内側でこみあげてくる強い憎しみや怒り、悲しみ、さみしさ、絶望なども、愛や喜びや希望と同じように、かけがえのない自分の一部としてきちんと認め、それと共にいられるようになることです。自分の中のどの部分からのメッセージにも耳を傾けながら生きていけるようになることです。

そしてこれができるためには、愛と憎しみ、喜びと悲しみ、歓喜と絶望といった、自分の中のさまざまな側面のすべてに対して、同じように心を配り、認め、その声を聴くことができる〝私を越えた視点〟を持つことが必要になります。そのような〝私を越えた視点＝トランスパーソナルな視点〟を自分の内に育み、その視点から自分自身を見つめ返すのでなくては、自分の心のどの部分もきちんと認め受け入れる深い自己受容、ほんとうの自己肯定などありえないことだからです。この意味で、〝この私〟から離脱し、自分自身を見つめ返すことのできる〝私を越えた視点〟を自分の内に育むことは、ほんものの癒しにとって不可欠なものだと私は思います。

私のカウンセリングでも、相談に来られた方がこの〝私を越えた視点〟を、またその視点から〝自分の心が発するさまざまな声のいずれにも耳を傾ける姿勢〟を学んで内在化できるようになることを一つの目標にしています。その意味では、本書で書いたことをほんとうにわかっていただければ、私のカウンセリングを九回受けたくらいの効果はあるはずです。

そう考えると、この本は、ずいぶんお得な本ですね！　わかりやすく、やさしく書きましたが、本書で私は、それくらい大切なことを書いてきたつもりです。

したがって、もしあなたが今の時点で、この本を読んでもダメだった、と思い、スッキリしない気持ちでいるとしても、本書で書いてあった生きるヒントのいくつかだけでも、頭の片隅に残しておいてほしいと思います。それはいつか、きっと役に立つはずです。

たしかに人間は、それほど簡単に変われるものではありません。このことを私は、クライエントの方々から教わりました。

そして、これもクライエントの方々から学んだことですが、大切なのは、今は変われないとしても、決して人生をあきらめてしまわないこと。

あんまり頭で考えすぎて、自分を追い込んでしまわないこと。

むしろ〝この人生には、よくわからないあいまいなことがたくさんある〟ということを覚えておいて、チャンスが訪れるのを辛抱強く〝待ち続ける〟ことです。

自分をあまり追い詰めすぎず、辛抱強く〝待って〟いさえすれば、転機は必ず訪れます。あなたが答えを出さなくても、〝時〟が来れば、答えは向こうからやってくるのです。

だから、それを信じて待つこと。そして、その〝時〟が来たら、チャンスを逃さないようにすること。この本で書かれていたことは、その時きっと、役に立つはずです。

〝あぁ、これはあの本に書いてあったことだな〟そう思われたらその時、本書をもう一度開いていただければ、幸いです。

みなさんと、どこかでお会いできるのを楽しみにしています。その折は、どうぞ気楽に声をおかけください。

諸富祥彦

一九九九年の暮れに

気づきと学びの心理学研究会〈アウエアネス〉のご案内

本書で紹介したさまざまな心理学の実際を、講義のみでなく、体験的に学ぶ研修会を定期的に行っています。どなたでも参加可能です。http://morotomi.net/ にて内容をご確認の上お申し込み、お問い合わせ下さい。

メール　awareness@morotomi.net
ファクス　〇三－六八九三－六七〇一
〒一〇一－〇〇六二　千代田区神田駿河台一－一　明治大学14号館
諸富研究室〈アウエアネス〉宛

諸富祥彦・主要著作一覧

〔単著〕

『知の教科書　フランクル』講談社選書メチエ

『NHK「100分de名著」ブックス　フランクル 夜と霧』NHK出版

『魂のミッション　あなたが生まれてきた意味』こう書房

『人生を半分あきらめて生きる』幻冬舎新書

『悩みぬく意味』幻冬舎新書

『あなたのその苦しみには意味がある』日経プレミアシリーズ

『カウンセラー、心理療法家のためのスピリチュアル・カウンセリング入門』（上・下）誠信書房

『孤独であるためのレッスン』NHKブックス

『生きていくことの意味　トランスパーソナル心理学・9つのヒント』PHP新書（本書）

『トランスパーソナル心理学入門　人生のメッセージを聴く』講談社現代新書

『〈むなしさ〉の心理学　なぜ満たされないのか』講談社現代新書

『人生に意味はあるか』講談社現代新書

『カール・ロジャース入門　自分が〝自分〟になるということ』コスモスライブラリー

〔編著・共著・監訳など（本書と関連するもののみ）〕

諸富祥彦編著『トランスパーソナル心理療法入門』日本評論社
藤見幸雄・諸富祥彦編著『プロセス指向心理学入門　身体・世界・心をつなぐ実践的心理学』春秋社
諸富祥彦・末武康弘・村里忠之編著『ジェンドリン哲学入門　フォーカシングの根底にあるもの』コスモスライブラリー
久能徹・末武康弘・保坂亨・諸富祥彦『改訂　ロジャーズを読む』岩崎学術出版社
フランクル著　諸富祥彦監訳・解説　上嶋洋一他訳『〈生きる意味〉を求めて』春秋社
コーネル著　大澤三枝子・日笠摩子訳　諸富祥彦解説『やさしいフォーカシング　自分でできるこころの処方』コスモスライブラリー
ヴィーダマン著　高野雅司訳　諸富祥彦解説『魂のプロセス　自己実現と自己超越を結ぶもの』コスモスライブラリー
メァーンズ著　岡村達也他訳　諸富祥彦監訳・解説『パーソンセンタード・カウンセリングの実際　ロジャーズのアプローチの新たな展開』コスモスライブラリー

PHP新書

PHP INTERFACE
https://www.php.co.jp/

諸富祥彦［もろとみ・よしひこ］

1963年福岡県生まれ。筑波大学卒業。同大学大学院博士課程修了。現在、千葉大学教育学部助教授。教育学博士。臨床心理士。日本トランスパーソナル学会会長、日本カウンセリング学会幹事、日本産業カウンセリング学会理事、「悩める教師を支える会」代表などを務める。時代と闘うカウンセラー。

生きていくことの意味 （PHP新書 103）

トランスパーソナル心理学・9つのヒント

二〇〇〇年二月四日　第一版第一刷
二〇二五年三月十四日　第一版第二十二刷

著者――諸富祥彦
発行者――永田貴之
発行所――株式会社PHP研究所
東京本部――〒135-8137 江東区豊洲5-6-52
ビジネス・教養出版部 ☎03-3520-9615（編集）
普及部 ☎03-3520-9630（販売）
京都本部――〒601-8411 京都市南区西九条北ノ内町11
制作協力――株式会社PHPエディターズ・グループ
装幀者――芦澤泰偉
印刷所
製本所――大日本印刷株式会社

ISBN978-4-569-60963-8

ＰＨＰ新書刊行にあたって

「繁栄を通じて平和と幸福を」(PEACE and HAPPINESS through PROSPERITY)の願いのもと、ＰＨＰ研究所が創設されて今年で五十周年を迎えます。その歩みは、日本人が先の戦争を乗り越え、並々ならぬ努力を続けて、今日の繁栄を築き上げてきた軌跡に重なります。

しかし、平和で豊かな生活を手にした現在、多くの日本人は、自分が何のために生きているのか、どのように生きていきたいのかを、見失いつつあるように思われます。そして、その間にも、日本国内や世界のみならず地球規模での大きな変化が日々生起し、解決すべき問題となって私たちのもとに押し寄せてきます。

このような時代に人生の確かな価値を見出し、生きる喜びに満ちあふれた社会を実現するために、いま何が求められているのでしょうか。それは、先達が培ってきた知恵を紡ぎ直すこと、その上で自分たち一人一人がおかれた現実と進むべき未来について丹念に考えていくこと以外にはありません。

その営みは、単なる知識に終わらない深い思索へ、そしてよく生きるための哲学への旅でもあります。弊所が創設五十周年を迎えましたのを機に、ＰＨＰ新書を創刊し、この新たな旅を読者と共に歩んでいきたいと思っています。多くの読者の共感と支援を心よりお願いいたします。

一九九六年十月

ＰＨＰ研究所

PHP新書

［思想・哲学・宗教］

002	知識人の生態	西部　邁
015	福沢諭吉の精神	加藤　寛
022	「市民」とは誰か	佐伯啓思
024	日本多神教の風土	久保田展弘
028	仏のきた道	鎌田茂雄
030	聖書と「甘え」	土居健郎
032	〈対話〉のない社会	中島義道
035	20世紀の思想	加藤尚武
042	歴史教育を考える	坂本多加雄
052	靖国神社と日本人	小堀桂一郎
057	家族の思想	加地伸行
058	悲鳴をあげる身体	鷲田清一
067	科学とオカルト	池田清彦
070	宗教の力	山折哲雄
078	アダム・スミスの誤算	佐伯啓思
079	ケインズの予言	佐伯啓思
081	〈狂い〉と信仰	町田宗鳳
083	「弱者」とはだれか	小浜逸郎
099	〈脱〉宗教のすすめ	竹内靖雄

［心理・教育］

004	臨床ユング心理学入門	山中康裕
018	ストーカーの心理学	福島　章
039	話しあえない親子たち	伊藤友宣
047	「心の悩み」の精神医学	野村総一郎
053	カウンセリング心理学入門	國分康孝
065	社会的ひきこもり	斎藤　環
101	子どもの脳が危ない	福島　章

［社会・文化］

014	ネットワーク思考のすすめ	逢沢　明
019	ダービー卿のイギリス	山本雅男
021	日本人はいつから〈せっかち〉になったか	織田一朗
026	地名の博物史	谷口研語
037	マドンナのアメリカ	井上一馬
041	ユダヤ系アメリカ人	本間長世
072	現代アジアを読む	渡辺利夫
084	ラスヴェガス物語	谷岡一郎
089	高千穂幻想	千田　稔
093	日本の警察	佐々淳行